최고의 상술

맨주먹으로 5000억 브랜드를 일군
교촌치킨 창업주
권원강 회장의 진심 경영

최고의 상술

권원강 지음

달
북

"작은 일에도 최선을 다하면 정성스럽게 된다.

정성스럽게 되면 겉에 배어나오고,

겉으로 드러나면 이내 밝아지고,

밝아지면 남을 감동시키고

남을 감동시키면 이내 변하게 되고,

변하면 생육된다.

그러니 오직 세상에서

지극히 정성을 다하는 사람만이

나와 세상을 변하게 할 수 있는 것이다."

— 『중용(中庸)』 23장

'현상 유지'만으로는 어림도 없다

2022년 12월 1일. 다시 경영 일선으로 돌아왔습니다. 현장을 떠난 지 3년 9개월 만의 일이었습니다. 내가 할 수 있는 일은 다했고, 나보다 더 잘할 수 있는 전문경영인이 회사를 이끌어야 한다고 생각했기에 물러난 자리였습니다. 창업자로서 회사가 더 큰 도약을 하기 위해서는 새로운 시각과 전문성이 필요하다고 판단했던 것입니다. 경영인의 옷을 벗고 자연인 권원강으로 돌아가 한 개인으로 살아가고 싶은 마음도 컸습니다. 그럼에도 내가 스스로 떠난 자리로 다시 돌아올 수밖에 없었던 이유는 단 하나, 마지막 책임을 다하기 위해서였습니다.

당시 회사는 안팎으로 위기를 겪고 있었습니다. 2014년부터 업계 1위를 지켜오며 '맛도 서비스도 최선을 다해 정성을 기울인다'라는 자부심은 '적당히 이 정도만 해도 된다'라는 자만심으로 변해 있었습니다. 대내외적으로 경영 환경이 악화되어 있었고 금리와 원재료비도 인상되는 등 가맹점주들의 부담 또한 현저히 커진 상황이었습니다. 누군가의 책임을 묻기에도 어려울 정도로 총체적 난국이었습니다.

성공이라는 달콤한 함정에 빠진 채 안주하는 것만을 배운 듯한 조직을 보는 것은 가슴 아픈 일이었습니다. 이렇게 가다가는 최고의 자리를 지키기는커녕 언제 망해도 이상하지 않았습니다. 누군가는 성장이 멈춘 것에 대해 그래도 '현상 유지'를 하고 있으니 다행이지 않냐고 말했습니다. 그는 위로의 말을 했던 것인지도 모릅니다. 그러나 나는 듣기만 해도 가슴이 먹먹해졌습니다. 현상 유지는 심각한 위기에 봉착했다는 뜻이기 때문입니다.

한때 세계를 호령하던 글로벌 대기업조차 한순간에 무

너지는 것을 수도 없이 목격했습니다. 아무리 장대한 강물일지라도 그 끝에는 폭포가 있다는 위험을 알지 못한 채 안일한 태도로 일관하다가 순식간에 천 길 폭포 아래로 떨어지는 일이 우리에게도 일어나지 않는다고 장담할 수 없었습니다. 이대로는 큰일 나겠다는 생각이 떠나지 않았습니다. 내 손으로 일군 회사가 벼랑 끝으로 내몰리는 모습은 결코 보고 싶지 않았습니다.

그래서 바꿀 수 있는 것은 모조리 바꾸자고 단단히 결심했습니다. 경상북도 구미시 굴다리 옆 작은 통닭집에서 시작해서 대한민국 최고의 치킨을 만들겠다는 일념 하나로 30년 넘게 달려왔습니다. 밤낮을 잊고 뜨거운 기름 앞에서 씨름하던 때처럼 초심으로 돌아가 다시 한번 업의 본질을 되새기자고 다짐했습니다.

회사가 이렇게 된 것은 다른 누군가의 탓이 아니었습니다. 내 책임이었습니다. 위기를 극복하는 것도 기울어진 평판을 올리는 일도 다른 사람에게 떠넘길 수는 없는 노릇이었습니다. 수많은 도전과 고난이 예상되는 길이었지만 뜨겁게 마음의 불을 지펴내 우리가 일하는 이유와 의미를 찾아야 했습니다.

복귀를 결정한 후에도 한동안 묵직한 마음에서 벗어날 수 없었습니다. 매일 아침 눈을 뜨면 전쟁터에 나서는 장군처럼 온몸이 팽팽한 긴장감으로 가득했습니다. 서두르지 않고, 할 수 있는 일을 찾았습니다. 현장을 돌며 가맹점주들의 목소리를 직접 듣고, 제품의 품질부터 서비스까지 모든 부분을 재점검했습니다. 무엇이 잘못되었는지 철저히 파악하고, 어디서부터 바로잡아야 할지 계획을 세웠습니다. 힘든 과정이었지만, 매 순간이 새로운 도전이었습니다. 타협은 있을 수 없었습니다.

"우리는 무엇을 위해 여기에 있는가?"

안주하고 싶은 마음이 들 때마다 이런 질문을 스스로에게 하고, 직원들에게도 던졌습니다. 이 질문 하나가 모든 답을 말해주는 것 같았습니다. 교촌의 맛과 서비스, 그곳에 깃든 혼과 열정을 사람들은 기억하고 있었고, 그것을 기대하고 있었습니다. 고작 안일함이 그 기대를 배신하게 내버려둘 수는 없었습니다.

성장이 멈춘 시기는 우리에게 위기였지만, 이와 동시에

두 번째 곡선을 그릴 수 있는 기회가 되었습니다. 안전 대신 위험을 무릅쓰고, 타협 대신 도전을 해나갈 때 진정한 성장이 이뤄진다는 것을 깨달았기 때문입니다.

이제 내가 할 일은 분명했습니다. 본질을 잊지 않는 것, 우리가 하는 일이 왜 특별해야 하는지를 보여주는 것, 그리고 힘든 순간일수록 정도를 걷는 것이 왜 중요한지 알려주는 것 말입니다. 그런 의미에서 이 책은 한순간에 이룩한 성공의 기록이라기보다 하루하루 버티고 견뎌낸 악전고투의 기록에 가까울지도 모르겠습니다.

경영은 언제나 불황을 뚫고 나가는 현재의 기록입니다. 과거가 얼마나 초라했든, 미래가 얼마나 두렵든 상관없습니다. 지금 이 순간 무엇을 하느냐에 따라 전세는 역전됩니다. 아무리 캄캄해도 작은 촛불 하나를 켜면 어둠이 순식간에 사라지는 것처럼 말입니다. 나의 경험이 여러분 마음속 불씨를 댕기는 작은 계기가 될 수 있다면 더 이상 바랄 것이 없겠습니다.

1장
함부로 포기하지 않는다

2장

타협하지 않는다

3장

상식을 믿지 않는다

4장

꼼수 부리지 않는다

1

함부로 포기하지 않는다

"지금 안되어도 잘될 때가 온다고 믿었습니다.

씨앗을 뿌린다고 해서 당장 싹이 트지 않듯이,

내 노력도 때를 기다리고 있다고 생각했습니다.

지금은 그저 시간이 필요한 때일 뿐이니

너무 빨리 좌절하지 말자고 다짐했습니다."

인생을 변화시키는 데
나이는 중요하지 않다

살 수도 없고 죽을 수도 없는데
마흔이 되었다

"치킨집을 하면 어떨까 해."

아내에게 그 말을 꺼낸 건 1991년, 만으로 마흔 살이 되던 해의 일이었다. 당시 나는 8년 차 택시 운전사였는데, 마흔이 되도록 번듯한 재산을 일구기는커녕 하루 벌어 하루 먹고 사느라 살길이 막막한 상태였다. 언제까지 이 일을 할 수 있을지도 몰랐다.

허덕이는 체력을 가까스로 끌어올려 가며 운전대를 꽉

잡아봐도 고생스러운 하루살이는 끝날 기미가 보이지 않았다. 나 혼자였다면 어떻든 상관없었을지도 모른다. 그러나 가족을 생각하면 그럴 수가 없었다. 20년 가까이 하루 열 시간 넘게 일했는데 내 삶도, 우리 가족의 생활도 크게 나아지지 않았다. 이대로는 안 된다는 생각이 들었다. 그렇게 마지막 승부수를 던지는 마음으로 치킨집을 입에 올린 것이었다.

"잘 생각했어요."

아내가 반대는 하지 않으리라 예상했지만, 흔쾌히 그러라 하니 기분이 이상했다. 아내에게는 그 나름대로 내 결정을 반겼던 이유가 있었다. 이전에 내가 인도네시아 건설 현장에서 일하다 얻은 갑상선 항진증 때문에 택시를 끌고 나갈 때마다 불안했다는 것이었다. 택시 운전 초반에는 게보린 같은 진통제를 하루에 열 알씩 삼키기도 했는데, 그 모습을 아내가 마음에 담아두고 있었던 모양이었다. 운전대를 놓고 안전하게 일할 수 있다는 사실만으로도 안심이 된다고 했다.

"산 입에 거미줄이야 치겠어요?"

아내는 오히려 살뜰하게 나를 격려해 주었다. 든든한

지원군을 얻었지만 어떻게 시작해야 할지 여전히 막막했다. 나이 마흔에 학력은 고등학교 중퇴, 가진 재주나 기술도 없는 데다 지금껏 벌였던 몇몇 일들은 죄 실패로 돌아갔다.

이번 도전은 이전과는 분명히 달라야 했다. 첫 장사로 판촉물을 파는 일을 했을 땐 영업도 모르고 인맥도 없으면서 친구 말만 듣고 아무 계획 없이 시작했다가 손해만 봤다. 성냥개비 공급업도 마찬가지였다. 이익은 적은데 미수금은 늘어나니 버틸 재간이 없었다. 과일 채소 행상은 또 어땠던가. 생물을 떼어다 파는 일인데도 재고관리를 할 줄 몰랐으니 오래 하지 못하고 접었다. 특별한 기술 없이도 할 수 있을 것만 같아서 시작했던 실내포장마차는 재료 수급의 차질과 부족한 음식 솜씨로 인해 문을 닫고 말았다. 철물 행상이나 중고 책 행상은 잘될 때도 있었지만 한 곳에 자리를 잡고 하는 일이 아니었으니 떠돌이 신세를 면하기가 어려웠다. 무엇을 떠올려도 제대로 된 준비 없이 기대에 부풀어 벌였던 일들이었고, 예상하지 못했던 대목에서 낭패를 봤다.

이 모든 건 다른 사람의 책임이 아니었다. 이렇게 살아온 것도 이런 인생에 놓인 것도 온전히 내 탓이었다. 그러니 책임을 지는 사람도 나 자신이어야 했다.

내가
잘할 수 있는 일이 있다

치킨집을 열기로 결정한 데에는 내 나름의 이유가 있었다. 만약 나한테 다른 특별한 재주나 기술이 있었다면 그것을 살렸을 것이다. 마흔이 되도록 이렇다 할 능력을 키우지 못한 내가 할 수 있는 일은 한정되어 있었다. 적은 돈과 없는 기술로 할 수 있는 창업도 한정되어 있었다. 그러니 아주 작은 부분이라도 내가 잘할 수 있는 일을 하자고 생각했다. 꾸역꾸역 억지로 해야 할 일은 제외했다. 아무리 노력해도 잘하지 못할 일도 피했다.

나는 열심히 하는 것만큼은 잘할 자신이 있었다. 성실하게 꾸준히 하는 것도 잘할 수 있었다. 조언을 듣고 해결책을 찾아 개선하는 일도 잘할 수 있었다. 어찌 보면 추상적이고 뜬구름 잡는 장점이다 싶지만, 이 자신감이 더 나은 선택을 내리는 기준이 되어주었다.

당시는 치킨집 창업이 상당히 많을 때였다. 잘만 운영하면 안정된 수익을 올릴 수 있다는 이야기를 여기저기에서 들었다. 사람들의 외식도 늘어나던 추세였고, 배달 음식도 많이 시켜 먹기 시작했다. 신문이나 텔레비전에서도 체인점 모집 광고가 심심치 않게 보였다. 지금은 사라져서 기억조차 나지 않지만, 하루가 다르게 새로운 치킨 프랜차이즈들이 혜성처럼 등장했다. 1990년대가 막 시작되던 무렵, 88 올림픽이 끝나고 나라 전체가 새로운 분위기를 느끼며 꿈틀대던 시기였다.

치킨과 함께 피자도 인기를 끌었다. 치킨이냐, 피자냐를 놓고 어느 쪽이 창업하기 좋은지 신문에 기사도 났다. 어느 쪽이든 소자본으로 창업이 가능한 업종이었다. 둘 중 하나를 고른다면 치킨으로 하자고 마음이 기울었다. 피자는 남의 나라의 낯선 음식이었다. 하지만 치킨은 기본 재료가 닭이다. 어릴 때 먹던 삼계탕이나 영양센터의 전기구이 통닭과는 분명 달랐지만 기름에 튀기는 것일 뿐 익숙한 음식이었다. '창업은 치킨'이라는 인식도 강했다. 더군다나 치킨은 겉으로 보기에 엄청난 요리 기술을 필요로 하지 않았다. 기름에 튀기는 일, 그거라면 나도 할 수 있겠다는 생각이 들었다.

살길을 찾을 때까지
멈추지 않는다

팔 게 있는 것도

큰 복이다

문제는 자금이었다. 치킨집을 창업하자고 결심했지만 당장 쓸 수 있는 자금이 없었다. 저축해둔 돈도 없었고 빌릴 곳도 없었다. 그나마 천만다행으로 자금을 마련할 방법이 딱 한 가지 있었다. 개인택시 면허를 파는 일이었다. 당시에는 개인택시 면허를 2년만 지나도 팔 수 있었다. 시세는 대략 3500만 원 선이었다.

하지만 선뜻 내키지는 않았다. 고생 끝에 받은 개인택

시 면허였다. 이것마저 팔아버리면 후에 실패해도 돌아올 길이 없었다. 회사택시를 운전하며 겨우 사납금을 맞추는 생활로는 절대 돌아가고 싶지 않았다. 마지막까지 망설였던 이유는 또 있었다.

개인택시는 자영업이다. 본인이 한 만큼 돈을 벌고 일하는 시간도 조절할 수 있었다. 회사택시에 비하면 수입도 훨씬 나았기에 면허를 받기 어려운 만큼 선망의 대상이었다. 내가 택시 운전을 했던 1980년대는 10년 이상 회사택시를 운전해야 개인택시 면허가 나왔다. 그런데 국가유공자의 자손은 3년 동안 무사고 운전일 경우 개인택시 면허가 나왔다. 내 경력만으로는 어렴도 없을 일이었건만, 할아버지께서 독립운동을 하셨던 공덕으로 남들보다 일찍 개인택시 면허를 받을 수 있었다. 이런 사연이 담긴 귀한 면허를 내가 필요하다고 홀라당 팔아버릴 수는 없었다.

"그냥 운전대나 계속 잡을까?"

마음이 흔들렸다. 어쩌면 내가 가장 잘하는 일이 운전일 수도 있었다. 8년 동안 무사고 운전을 했다는 것이 그 증거였다. 하지만 이내 생각을 바꿔 마음을 고쳐먹었다.

지금도 체력이 안되어서 일을 오래 못 하는데 앞으로도 계속할 수 있다는 보장이 없었다. 게다가 이미 인생을 크게 바꿔보겠다고 결심하지 않았던가.

개인택시 면허증을 팔기 전날 오랫동안 면허증을 들여다보았다. 할아버지라면 이런 나를 이해해 주실 것 같았다. 내가 살길을 찾는 게 우선이라고 말씀해 주실 것 같았다. 순진히 내 멋대로 한 생각이지만 어느 조상이 필사적으로 생존을 도모하는 자손의 앞날을 막겠는가. 이렇게 생각하니 소중한 것을 팔아야 한다는 비참한 마음이 줄었다. 오히려 이렇게 어려운 때 팔 것이라도 있는 게 얼마나 큰 복이냐는 생각이 들었다. 다행이었고, 감사했다. 할아버지가 주신 돈이니 한 푼도 허투루 쓰지 않겠다고 다짐했다.

그렇게 개인택시 면허를 팔았다. 큰돈은 아니었지만 결코 적은 돈도 아니었다. 가족의 목숨이 전부 걸려 있는 무거운 돈이었다. 그리고 다시 한번 세상을 향해 나아갈 수 있는 용기를 주는 돈이었다.

조건이 맞을 때까지
쉬지 않고 움직인다

3500만 원. 치킨집 창업에 줄지어 따라오는 모든 문제를 해결해야 하는 돈이었다. 더 쓰고 싶어도 쓸 돈이 없었다. 이 돈으로 가게 보증금도 내야 했고, 튀김 용기 같은 주방기기는 물론 홀의 테이블과 의자, 인테리어, 배달용 차량까지 해결해야 했다. 장사만 할 수 있는 가게여서도 안 되었다. 우리 가족이 먹고 잘 방도 붙어 있어야 했다. 두 달 이상 버텨낼 생활비와 식재료도 필요했다.

'이 모든 것을 충족할 가게가 과연 있기는 있을까?'

아무리 계산을 해도 목이 좋은 도심에는 자리를 구하기가 어려웠다. 살고 있던 대구 중심가에서 벗어나 변두리 동네로 가든지, 아예 대구를 떠나 다른 곳으로 가야 했다. 장사는 아무리 규모가 작아도 수요가 있는 곳에서 해야 한다. 변두리 동네로 가면 배달을 시키거나 매장에 와서 치킨을 먹을 여유가 있는 가정이 적을 게 뻔했다. 게다가 많은 회사가 모여 있는 업무 지구도 아니었다. 하루에 한두 마리 팔리는 동네에서 아무리 열심히 일한들 장사가 될 리 만무했다.

"여기가 아니라면 저기로 가야지."

과감하게 다른 도시로 가자고 결론을 내렸다. 경상도를 벗어나 완전히 낯선 지역으로 갈 수는 없었기에, 대구에서 멀지 않으면서도 새롭게 뜨고 있는 곳을 중심으로 몇 군데 후보를 찾았다. 열심히 정보를 모은 끝에 구미, 울산, 포항 세 군데로 추려졌다.

가장 먼저 생각한 곳은 구미였다. 구미는 1970년대부터 공업단지가 조성되어 1990년에는 인구 22만 명의 도시로 성장한 곳이었다. 어깨너머로 들은 이야기로는 새로 공단이 조성된 곳이니만큼 젊은 층이 많고, 집에서 직접 요리를 하기보다 배달이나 외식을 할 가능성이 높다고 했다. 귀가 솔깃한 이야기였다.

포항은 포항제철이 들어서면서 인구가 기하급수적으로 늘고 있었다. 현대자동차와 조선소가 자리 잡은 울산도 높은 월급을 받는 중산층이 많은 도시로 소문이 나고 있었다. 그러나 이 두 지역은 바닷가였기에 해산물이 강세를 보일 듯했다. 틈새시장으로 치킨이 파고든다 해도 이미 자리 잡은 음식과 대결해서 얼마큼 승산이 있을지 미지수였다.

최종적으로 구미로 결정했다. 직접 가보니 생각보다 훨씬 더 크고 활기찬 도시였다. 경부고속도로가 뚫리면서 경상북도 내륙 교통의 요지로 자리 잡은 데다 낙동강 덕분에 공업용수도 풍부했고 노동력도 충분해서 '전자산업'의 핵심 요충지가 될 만했다. 내가 찾던 모든 조건에 부합하는 도시였다.

그러나 한 가지 난제가 있었다. 구미는 손바닥만 한 도시가 아니었다. 도대체 이 넓은 도시 어디에 가게를 낸단 말인가? 방법은 하나였다. 궁금한 것은 묻고, 발 닿는 데까지 발품을 팔면서 조건에 맞는 가게를 찾을 때까지 부지런히 움직이는 것. 내가 가장 자신 있게 잘하는 일이었다.

03

행동하지 않으면
아무것도 바뀌지 않는다

부끄러운 인간으로
살지 않겠다는 결심

절박한 순간에 사람은 자신의 밑바닥을 드러낸다. 절박하기에 엄청난 힘을 내기도 하지만, 절박하기에 치졸한 모습을 보이기도 한다. 내게도 무척 부끄러운 기억이 한 가지 있다.

택시 운전을 하기 전 버스 기사 연수를 하던 때였다. 연수가 끝나 정식으로 채용되기 전에는 월급이 나오지 않았다. 큰집에서 제사가 있던 날, 아내와 어린 딸과 집에서 큰집까지 걸어서 갔다. 한 푼이 아쉬운 터라 차비라도 아껴볼 요량이었다. 당시엔 자정이 되어서야 제사를 지냈는데 끝나고 나면 새벽 한 시를 넘기기 일쑤였다. 졸린 눈을 비비며 졸음을 참던 아이는 잠이 들었고 제사가 끝난 후에 깨었다.

인사를 하고 헤어지기 직전 큰누님이 아이 손에 5000원을 쥐여 주었다. 당시 라면 한 개에 110원 정도 했으니 이 돈이면 라면을 무려 마흔 개나 살 수 있었다. 아껴 쓴다면 온 식구가 열흘은 먹을 수 있는 큰돈이었다.

'연수를 마칠 때까지 어떻게든 버틸 수 있겠구나!'

내심 안도의 숨을 쉬었다. 그래도 차마 다른 식구들 앞에서 아이가 받은 돈을 선뜻 뺏지는 못하고 집으로 돌아왔다. 집으로 오는 내내 아이의 손에 쥐어진 5000원 생각뿐이었다. 그런데 이게 무슨 일인가. 집에 돌아와 아이의 손을 보니 거짓말처럼 텅 비어 있었다. 아이가 입고 있던 옷의 주머니를 뒤집어도 보고 손가락 사이사이를 살펴봐도 아무것도 없었다. 철석같이 믿었던 라면 40개가 순식간에 사라진 것이었다.

다급한 마음에 왔던 길을 되돌아갔다. 걸어온 굽이마다

샅샅이 살피면서 찾았으나, 두 번을 왕복하는 동안 끝내 사라진 5000원은 나타나지 않았다.

터덜터덜 집으로 돌아와 보니 아이와 아내는 이미 깊이 잠들어 있었다. 허탈한 심정이 컸지만, 그보다 더 큰 깨우침이 남았다. 아무리 급박한 상황에도 남의 것을 탐내면 안 된다는 사실이었다. 내일 당장 굶는 한이 있어도, 가장으로의 체면이 곤두박질쳐도, 5000원은 내 것이 아니라 딸의 것이었다.

"큰고모님이 주신 귀한 돈이니 잘 챙겨둬라."

딸에게 일러주고 소중하게 간직하게 했으면 어땠을까. 적어도 새벽길 어딘가에서 황망하게 잃어버리는 꼴만은 면했을 것이다.

그러나 욕심에 눈이 멀어서 내 돈이 아닌 것에 탐심을 낸 탓에 딸마저 그 돈을 갖지 못하고 말았다. 사람이 오래 궁핍하면 마음마저 궁핍해지는 것일까. 가난해도 정직하게 살아왔다고 자부했는데, 고단한 현실 앞에서 여지없이 깨지고 말았다.

"곳간에서 인심이 난다"라는 말이 있다. 가난하고 돈이 없어도 정직하게 살아가는 사람들이 있지만, 우리 같은 범부는 대부분 정직함을 쉽게 잃고 만다. 나도 내 나름대로 정직하고 성실하게 살아왔다고 생각했건만, 현실은 아이의 것을 내 것으로 만들기 위해 머리를 굴린 쪼잔한 인간에 불과했다.

부자가 되기 위해서가 아니라 내 곳간에 인심을 채워 남의 것을 강탈하지 않기 위해서라도 인생을 바꿔야 했다. 절박함을 내 삶의 변명으로 삼지 않고 변화에 대한 간절함으로 바꾸고 싶었다. 몸이 버티지 못한 상태에서도 어떻게 해서든 일을 계속한 것은 이날의 기억이 번번이 나를 일으켜 세웠기 때문이다.

부끄러운 기억이지만 이때의 일이 없었다면 나는 더 부끄러운 인간이 되었을지도 모른다. 새벽 내내 5000원을 찾아 헤맸던 일은 지금 생각해도 얼굴이 화끈 달아오른다. 그러나 그 행동은 나에게 깨우침을 주었고, 이후 나의 삶을 크게 바꾸는 계기가 되었다. 그러고 보면 인생은 행동 속에서 변화가 생기는 것 같다. 처음부터 큰 변화가 생기지 않을 수도 있다. 그러나 작은 물방울 하나가 거대한 바위를 뚫어내는 것처럼 작은 행동 하나가 삶의 방향을 크게 바꿔놓는 것이다.

내 인생의 모든 것을 건
'단 한 자리'

1991년 3월 13일. 구미시 송정동 굴다리 옆 작은 가게에 교촌통닭을 열었다. 개인택시 면허를 판 돈 3500만 원 중에서 가게를 알아보는 동안 200만 원을 써버린 상태였기에 수중에는 3300만 원이 남아 있었다. 이 돈으로 가게는 물론 아이와 아내가 같이 지낼 살림집과 장사에 필요한 조리도구 전부를 구해야 했다.

부지런히 발품을 판 끝에 굴다리 옆 10평 남짓한 가게를 구했다. 좁고 허름한 곳이었지만 '내 가게'였다. 비가 오나 눈이 오나 한 곳에서 장사를 할 수 있었다. 예전에 과일 행상을 할 때 선배가 해준 말이 있었다.

"10원짜리를 팔더라도 장사는 무조건 앉은 자리에서 해야 한다."

어릴 적 우리 집이 한때 잘살았던 것은 부모님의 장사 덕분이었다. 대구 남문시장에 점포를 내서 소금과 고추를 파셨는데, 손님이 끊이지 않았다. 그때는 정부가 허가한 전매 사업자만 소금을 팔았던 때여서 독점에 가까운 장사를 했기에 가능했던 일이었지만, 한자리에서 장사를 하는 것의 이점은 충분히 알 수 있었다. 1961년에 소금 전매제가 폐지되어 가세가 기울기 전까지 부모님이 시장 한편에 굳건히 자리를 잡고 활발히 장사를 하셨던 기억이 내게 남아 있었다.

그러나 기존에 내가 장사를 했던 방식은 실내포장마차를 제외하곤 대부분 장소를 이동하면서 물건을 파는 형태였다. 뜨내기와 다를 바가 없었으니 신뢰를 쌓아가는 단골 또한 생기기 힘들었다.

지금까지 해왔던 방식이 통하지 않았으니 과감하게 변화를 일으켜야 한다고 생각했다. 지금껏 숱한 실패를 거듭했으면서 같은 태도와 같은 행동을 고수하는 것은 절대 변하지 않겠다는 것과 마찬가지였다.

여기저기 이동하면서 일했던 나는 이제부터 방법을 바꿔 한 곳에 자리 잡아보겠다고 다짐했다. 앞으로 어떤 일이 생겨도 반드시 이곳에서 성공해야 했다. 송정동에는 이미 치킨집이 10여 개나 있었지만, 열심히 하면 잘할 수 있을 거라고 믿었다. 택시 운전을 하면서 손님을 대하는 요령도 터득했고, 성실함에선 누구와 견주어도 지지 않을 자신도 있었다. 하루에도 수십 번씩 이렇게 다짐했다.

'이번이 마지막이다. 절대 실패하지 말자. 기필코 성공하자.'

나는 치킨을 튀기는 이 자리가 내 인생의 전부라고 생각했다. 10원짜리를 팔더라도 앉은 자리에서 해야 한다는 신념으로 버틸 작정이었다. 이 자리가 곧 내 뿌리였다. 나무가 한자리에 뿌리를 내리고 그 자리를 떠나지 않듯 나도 이 자리에서 '권원강'이라는 이름 석 자를 반드시 알리자고 결심했다. 천재지변이라도 일어나서 이 자리가 변하지 않는 이상 흔들리지 않을 자신이 있었다. 마을 어귀에 있는 향교(鄕校)의 나무처럼 한자리에 단단하게 뿌리를 내리고 싶었다.

'교촌통닭'이라고 이름 지은 것도 향교와 연관이 있었다. 당시 치킨집은 외래어로 되어 있는 경우가 많았다. 애초에 비슷한 이름을 지을 생각은 하지 않았다. 10개나 되는 치킨집 사이에서 살아남으려면 이름부터 달라야 했다. 우리말 이름 중에서 좋은 이름이 없을지 고민하기 시작했다. 다들 큰길로 갈 때 좁은 길을 선택한 것인지도 모르지만 고속도로보다 오솔길이 친근하게 느껴지듯, 우리 집 치킨을 찾는 손님들에게 편안한 인상을 주고 싶었다. 생각을 거듭한 끝에 '향교가 있는 마을'이라는 뜻으로 교촌으로 정했다.

장사는 개업하기 전부터
시작하는 것이다

정식으로 개업을 하기 전부터 티셔츠와 모자를 흰색으로 사서 교촌통닭이라는 스티커를 붙이고 다녔다. 장사는 '개업을 한 후에 시작되는 것'이 아니라 '개업을 하기 전부터 시작하는 것'이라고 생각했다. 택시 운전을 그만두자고 결정한 순간, 치킨집을 열자고 선택한 순간, 발품을 팔아 수없이 많은 가게를 찾아다닌 순간부터 이미 나의 사업은 시작되었다.

사람들은 흔히 첫발을 내딛는 순간을 시작으로 정의하지만, 진정한 시작은 이미 그 전에 마음속에서 잉태된다. 무언가를 하고 싶다는 작은 떨림, 아직 말로 표현하지 않은 꿈틀거림, 눈에 보이지 않는 설렘의 싹. 그 순간부터 이미 시작된 것이다. 시작하기로 결심하는 용기조차 그 자체로 이미 시작이라는 여정의 일부라고 할 수 있을 것이다.

　나는 한 사람에게라도 교촌이라는 이름을 더 알리려고 부지런히 동네를 돌아다녔다. 은행이나 관공서에 가면 "교촌통닭이라는 곳도 있습니까?"라고 물어보는 사람들이 있었다. 관심을 갖는 사람들에게는 좋은 기름인 채종유만 써서 아주 바삭하고 맛있고 깨끗한 통닭이라고 열심히 설명했다.

　땀을 뻘뻘 흘리며 최선을 다해 알리고 노력한 덕분인지 개업 당일 무려 100마리나 팔렸다. 멀리 대구에서부터 찾아온 지인들도 있었다. 이렇게만 팔면 먹고살 수 있겠다는 생각이 들었다. 꽉 막혀 있던 인생의 문을 힘차게 열어젖힌 기분이 들었다.

조용히 때를
기다린다

개업 거품이 꺼진 후
남은 것

　　　　　　하루 100마리. 이 수치가 개업 거품에 불과했다는 것을 다음 날부터 바로 실감했다. 다음 날엔 70마리, 그 다음 날엔 30마리, 그러더니 하루에 한 마리도 팔리지 않는 날이 왔다. 처음 장사를 시작하면 개업 거품이 생기기 마련이다. 주변 사람들, 지인들, 심지어 새로운 고객들까지도 신선한 호기심에 가게를 찾아온다. 오픈 이벤트, 할인, 혹은 '새로운 곳이 생겼다'라는 이유만으로 사람들이 몰려드는 경우가 많다. 모든 일이 순조롭게 잘 풀릴 것처럼 보인다. 하지만 거품이라는 말에서 알 수 있는 것처럼 얼마 되지 않아 사라지고 만다.

이런 것을 몰랐던 나는 첫날 매출에 신이 나서 성공했다고 착각하고 말았다. 오픈 초기의 호응이 일시적인 현상일 뿐임을 전혀 알지 못한 것이다. 거품이 빠지고 나자 한여름의 열기처럼 뜨거웠던 분위기는 차갑게 식고 말았다. 꾸준히 단골을 만들어가야 한다는 인식이 그제야 찾아왔다. 그러나 개업 거품이 사라진 게 문제가 아니었다. 이때부터 2년 가까이 하루에 한 마리도 못 파는 날이 수없이 이어진 것이다.

가게 문을 열 때마다 무서웠다. 불을 켜고 환기를 시키고 치킨을 튀길 준비를 해도 기운이 나지 않았다. 주문 전화는 울리지 않았고 손님은 한 명도 없었다. 한 마리라도 더 팔아야 한다는 생각이 머리에서 떠나지 않았지만, 현실은 내 간절함을 비웃기라도 하듯 조용하기만 했다. 날마다 새로운 불안감이 쌓였다. 냉장고 안 닭들의 유통기한이 다가올 때마다 가슴이 조여왔다.

'이러다 정말 망하는 건 아닐까?'

하루, 이틀이 지나도 매출이 오를 기미는 보이지 않았다. 임대료를 내야 하는 날은 꼬박꼬박 다가오고 카드값, 재료비, 전기세까지 모두가 나를 잡아먹을 것만 같았다. 더 이상 밀릴 곳도 없다는 생각에 절박함이 목까지 차올랐다. 장사가 잘되어 손님이 끊이지 않는 건너편 치킨집을 멍하니 바라볼 때면 부러운 감정보다 서러움이 먼저 밀려왔다. 실제 조명의 밝기에는 큰 차이가 없을 텐데 내 가게 불빛은 칙칙하고, 건너편 치킨집 불빛은 유난히 환해 보였다. 적막한 내 가게로 밀려드는 건너편 치킨집의 와자지껄한 웃음소리를 들을 때마다 삶의 구석으로 밀쳐지는 기분마저 들었다.

음식점이 망하는 이유는
맛이 없기 때문이다

텅 빈 가게 안에 틀어박혀서 생각을 하고 또 했다. 내 나름대로 최선을 다하고 있다고 여겼다. 그래서 더욱 의문이 들었다. 문 앞을 지나가는 사람들을 볼 때마다 그들이 우리 가게에 들어오지 않는 이유를 곰

씹었다.

'내가 부족한 걸까? 아니면 이 지역이 문제일까?'

수많은 질문이 머릿속을 떠돌았지만 답은 쉽게 나오지 않았다. 밤에도 잠이 오지 않았다. 눈을 감아도 가게 생각뿐이었다. 장사를 시작할 때만 해도 꿈이 있었다. 내 손으로 작은 성공을 이뤄내겠다는 마음으로 가게를 열었는데 이제는 그 꿈이 무너질 것 같아 겁이 덜컥 났다.

텅 빈 가게를 볼 때마다 내 마음을 보는 것 같았다. 언제 손님이 올까, 오늘은 팔 수 있을까, 간절함은 날이 갈수록 깊어졌지만 그 간절함을 알아주는 사람이 아무도 없었다. 전기 요금을 석 달이나 내지 못해, 전기를 끊으러 온 한전 직원에게 한 달 치 요금을 겨우 내면서 사정사정한 일도 여러 번 있었다. 이러다간 보증금마저 까먹고 언제 길가로 쫓겨날지 몰랐다. 아마 이때가 내 인생에서 가장 고민이 많았던 시기였던 것 같다.

이렇게 장사가 안된 데에는 여러 이유가 있었지만 가장 중요한 이유는 '맛'이었다. 한마디로 다른 치킨집에 비해 맛이 없었던 것이다. 내가 닭을 튀기는 실력이 한참 부족한 탓이었다. 처음 해보는 일이니 잘 못하는 것이 당연했지만, 남에게 파는 음식을 일정 수준으로 만들지 못했던 것은 전적으로 내 책임이었다. 어떤 날은 반죽을 너무 무르게 하는 바람에 치킨이 덜 바삭했다.

"아니 치킨이 왜 이렇게 흐물거려요?"

이런 말을 들으면 조금 더 바삭하게 튀겼다. 그러면 어김없이 이런 말이 들렸다.

"치킨이 너무 딱딱해요."

그러면 또 조금 덜 튀기곤 했다. 정확한 매뉴얼도 없고 기준도 세우지 않은 채 손님의 말에 따라 오락가락 만들었으니 치킨 맛이 일관될 리가 없었다. 심지어 튀기는 시간마저 일정하지 않았다. 그때그때 나오는 상태가 다르고 맛도 달랐다. 이런 치킨집을 어느 손님이 믿고 다시 찾아오겠는가. 손님의 발길이 끊어지는 것도 당연하다면 당연한 결과였을 것이다.

한번은 이런 일도 있었다. 오랜만에 배달이 들어와서 열심히 한 마리를 튀겨서 나갔다. 치킨값인 6000원을 딱 맞게 주시는 분들도 있지만, 만 원을 받고 4000원을 거슬러 주는 경우도 종종 있었다. 그날은 미처 준비한 잔돈이 없어서 거스름돈을 만들기 위해 배달을 간 아파트 근처에 있는 작은 슈퍼에 들어갔다. 나도 장사를 하는 사람이니 잔돈만 바꿔 달라고 하기가 미안해서 음료수 한 병을 샀다. 컨디션이라는 숙취 해소 음료였다.

만 원을 내고 작은 병에 든 음료수를 마신 후 잔돈을 거슬러 받았는데 7500원이었다. 잘못 계산을 한 줄 알고 음료수가 얼마냐고 물어보니 무려 2500원이라는 게 아닌가. 깜짝 놀라서 목에 사레까지 들릴 뻔했다. 박카스 한 병에 150원인가 할 때였다. 비슷한 음료려니 생각해서 마셨는데 무려 16배나 높은 가격이었다. 닭 한 마리를 팔면 1000원 정도가 남는데, 작은 음료수 한 병을 마시는 데 닭 두 마리하고도 반 마리를 팔아야 벌 수 있는 돈을 지불한 셈이었다.

'통닭 한 마리를 팔기가 얼마나 어려운데…'

배달하고 돌아오는 내내 허탈한 마음을 감출 수 없었다. 하지만 집에 돌아가서 가족들에게 이런 심정을 토로할 수도 없는 노릇이었다.

'다 때가 있다'

빚은 늘어가고 장사는 안되고 할 수 있는 일도 없었지만 가게를 접을 수도 없었다. 만약 300만 원만 있었더라도 폐업을 했을 것이다. 하지만 돈이 있어야 폐업도 할 수 있었다. 그저 하루 또 하루 버티는 일밖에 방법이 없었다. 이때를 견뎌낸 것은 예전에 장인어른께서 해주신 말씀 덕분이었다.

결혼 후 실내포장마차를 접고 노상에서 과일 장사를 할 때였다. 좁은 골목에 트럭을 세워놓고 과일을 팔았는데 손님이 없는 날이 더 많았다. 그날따라 손님이 드문 날이었다. 초조한 마음에 주변을 두리번거리며 손님이 오기를 기다렸다. 그런데 가장 마주치고 싶지 않은 사람이 오고 있는 게 아닌가. 장인어른이 내가 있는 골목길로 들어서고 계셨다. 도망갈 곳이 있었다면 잠시라도 줄행랑을 쳤을 것이다. 좁은 골목이라 몸을 숨길 곳도 없었다. 귀까지 벌겋게 달아오른 채 고개를 푹 숙였다.

놀라기는 장인어른도 마찬가지였을 것이다. 직장에 다니고 있는 줄로만 알았던 사위가 생각지도 않은 곳에서 남루한 차림으로 과일을 팔고 있었으니 말이다. 장인어른도 나도 아무런 말도 하지 못하고 그 자리에서 머뭇거리기만 했다.

몇 초나 되었을까. 30초도 되지 않는 짧은 시간이었겠지만, 내게는 세 시간보다 더 길게 느껴졌다. 머릿속에서 온갖 생각과 변명이 스쳐 갔지만 입 밖으로 꺼낼 수 있는 말이 없었다. 얼마나 한심한 사위라고 생각하실지, 자신의 딸이 얼마나 고생이 심할지, 어떤 말로 그 속내를 감히 짐작이나 하겠는가.

장인어른은 잠시 나를 바라보시다가 헛기침만 하고 지나가셨다. 차라리 큰소리로 꾸짖기라도 하셨다면 마음이 편했을 것이다. 인사도 못 드리고 멍하니 멀어지는 뒷모습만 바라보았다. 내 신세가 어찌나 초라했던지 뒤늦게 달려가 붙잡을 엄두도 내지 못했다.

장인어른은 교촌치킨을 창업하고 가장 힘든 시기에 돌아가셨다. 조금만 더 오래 사셨더라면 못다 한 효도를 했을 텐데 두고두고 마음이 아프다. 아끼는 딸을 맡기고 평생 마음고생을 하셨을 텐데 내색 한 번 하지 않으셨다. 오히려 힘이 되는 말씀을 해주셨다.

"다 때가 있다."

어떤 위로보다 더 큰 힘이 되는 말이었다. 이후로 힘든 순간마다 이 말을 되뇌었다. 지금 안되어도 잘될 때가 온다고 믿었다. 씨앗을 뿌린다고 해서 당장 싹이 트지 않듯이 내 노력도 때를 기다리고 있다고 생각했다. 지금은 그저 시간이 필요한 때일 뿐이니 너무 빨리 좌절하지 말자고 다짐했다. 때가 되면 나의 모든 노력과 땀이 보상받을 날이 올 테니 오늘도 묵묵히 내 자리를 지켜낼 뿐이었다.

내 기준을 통과하지 않으면
팔지 않는다

교촌 오리지날의
탄생

매일 가게에 나가 머리를 싸매고 있었지만 상황은 막막했다. 여전히 장사가 시원찮았다. '이렇게까지 안될 수가 있을까'라고 생각하던 때도 있었는데 좀 더 시간이 지난 후에는 '그때가 잘 된 거였구나'라고 생각할 정도였다. 하지만 이대로 물러설 수는 없었다. 포기하고 싶은 마음이 들 때마다 "아직 방법을 찾지 못해서 그렇다", "맛있는 치킨을 만들고 홍보를 잘하면 반드시 잘될 거다"라고 수백 번이고 다짐하며 생각을 고쳤다.

맛에서 승부를 보는 수밖에 없다고 작정하고 메뉴 개발에 들어갔다. 시장을 살펴보니 다른 가게는 대부분 고추장을 베이스로 하는 양념치킨이 메인이었다. 아무리 닭을 잘 튀기고 소스를 맛있게 만들어도 맛이 비슷할 수밖에 없었다. 맛으로 진정한 승부를 보려면 아예 새로운 소스를 만드는 게 나을 것 같았다.

경상도 지역 음식은 안동찜닭을 비롯해서 닭고기에 간장소스를 쓰는 일이 많았다. 재래시장에서 흔히 쓰던 간장소스에 마늘과 생강 등 다른 천연 재료들을 넣어보면 어떨까 하는 아이디어를 떠올렸다. 그렇게 소스의 맛을 획기적으로 높이기 위한 실험을 시작했다.

가장 신경 썼던 부분은 당연히 재료였다. 나는 처음부터 영양 고추, 의성 마늘 등 우리 땅에서 나는 재료만을 고집했다. 어렸을 때 부모님이 좋은 소금과 고추를 사려고 먼 길을 마다하지 않고 다니시던 모습이 내 안에 남아 있기도 했지만, 천연 재료는 화학조미료와는 비교할 수 없을 정도로 깊은 맛을 낸다는 이유가 가장 컸다. 우리 땅에서 나는 품질 좋은 재료는 먹을수록 진한 풍미가 돋보이는 것은 물론이고 건강에도 좋다.

성공적인 사업에는 남들과 다른 지점이 필요하다. 이를 찾는 일이 처음엔 어려울지 몰라도 반드시 해야 하는 노력 중 하나다. 똑같은 맛, 똑같은 품질, 똑같은 서비스라면 이미 지역에 단단하게 자리 잡은 터줏대감들을 이기기 어렵다. 특히 음식 사업에서 중요한 것은 차별화된 맛이다. 소스가 없다면 소스를 입혀보고, 고추장소스라면 간장소스로 바꿔보고, 소스가 맵다면 단맛을 첨가하는 식으로 다양한 시도를 지속했다. 이런 노력에서 기존의 것을 뛰어넘는 새로운 것이 나오기도 한다. 훗날 교촌의 대표 메뉴로 자리 잡은 허니 시리즈도 기존의 맛과 다른 것을 연구하며 차별화하는 과정에서 개발된 것이다.

내 기준은 딱 한 가지였다. 내가 먹어봐도 "정말 맛있구나!"라는 감탄이 나오는 치킨을 만들고자 했다. 누가 먹어도 만족스러울 맛있는 치킨을 만들겠다는 생각으로 밤낮없이 몰두했다. '닭에 미친 사람'이라고 해도 과언이 아니었다. 나의 전부를 걸고 무언가를 해본 때가 있다면 분명 이때일 것이다. 이렇게 개발한 메뉴가 오늘날 교촌의 시그니처가 된 간장치킨, 교촌 오리지날이었다.

"여기 치킨은
참 정성이 들어가 있네요"

치킨을 튀기는 소리와 함께 하루를 시작하며 기름에 담가진 닭이 노릇노릇 익어가는 모습을 볼 때마다 마음속으로 한 가지 생각을 새기곤 했다.

'이 한 조각의 치킨으로 손님들이 나와 우리 가게를 기억할 수 있을까?'

치킨 한 조각을 먹기란 쉬운 일이지만, 그 한 조각을 만든 사람을 떠올릴 정도로 맛있는 치킨을 만들기는 어려운 일이었다. 그렇기에 더욱 사람들이 기억하고 다시 찾아올 만큼 맛있는 치킨을 만들고 싶었다. 치킨이 다 비슷한 치킨이지 아무리 정성을 다해도 그 맛이 얼마나 다르겠냐고 생각하는 사람도 있을 것이다. 그러나 나에게 치킨은 단순한 음식이 아니었다. 치킨 조각 하나하나에는 나의 시간이, 노력과 땀이, 그리고 나의 고집이 담겨 있었다. 내가 생각하는 맛이 제대로 나오기 전까지는 결코 만족할 수 없었다.

밤잠을 설쳐가며 레시피를 연구하고 손님들이 진짜로 원하는 맛이 무엇인지 고민했다. 손님이 한 입 베어 물 때의 그 첫 느낌을 상상하며, 바삭한 소리, 안에서 터져 나오는 육즙, 은은히 퍼지는 풍미를 떠올렸다. 맛에 관한 것이라면 아주 작은 부분이라도 놓치지 않았다. 양념 한 방울의 차이가 전혀 다른 맛을 낼 수도 있다는 것을 알고 있었기 때문이다.

내가 정한 기준에 따라 처절할 정도로 노력을 기울이고는 있었지만 매일매일 고군분투할 수밖에 없었다. 가장 신선한 재료를 고르고, 튀김 시간과 온도를 철저히 맞추고, 손님이 원하는 그 바삭한 식감을 완벽하게 구현하기 위해 수많은 시행착오를 거쳤다.

한번은 평소처럼 튀김옷이 바삭하게 부풀어 오르지 않은 날이 있었다. 레시피를 그대로 지켰는데도 어딘가 어긋난 느낌이 들었다. 평소보다 풍미가 살짝 부족했고, 소스와의 어울림도 조금 모자랐다. 그 미묘한 차이가 누구에게는 사소하게 느껴질지 몰라도, 나에게는 큰 문제였다.

'이상하다. 뭐가 달라졌을까?'

곰곰이 생각하다가 전날보다 날씨가 추워졌다는 사실을 깨달았다. 기름의 온도는 똑같았지만, 상온에 꺼내둔 고기의 온도가 달랐을 것이다. 이런 미묘한 변화마저 맛에 영향을 미치는 것이었다. 겉으로 보기엔 크게 차이가 나지 않았다. 맛도 비슷하다고 생각할 수도 있었다. 그러나 다른 사람은 그냥 넘어간다고 하더라도 내가 용납할 수 없었다. 적당히 만들어 파는 일만큼은 절대 하고 싶지 않았기 때문이다.

결국 초벌로 튀긴 닭을 전부 버렸다. 맛이 있든 없든 내가 만든 것을 죄다 갖다버리려니 마음이 무거웠다. 시간과 비용을 생각하면 버리기가 더욱 아까웠다. 그러나 내가 추구하는 맛에 도달하지 못했는데도 손님에게 파는 행위는 스스로 한 약속을 저버리는 일인 동시에 손님을 속이는 것과 같은 일이었다.

몇 시간 더 서서 다시 재료를 손질하고 양념을 배합했다. 피곤이 몰려왔지만, 다른 대안은 없었다. 이런 고집을 꺾지 않는 이유는 하나였다. 내 앞에 앉은 손님들이 내 치킨을 맛볼 때 단순히 '맛있다'고 느끼는 것을 넘어, 그 한 조각을 통해 나의 진심이 전해지기를 바라는 마음 때문이었다.

언젠가 가게에 자주 오시던 단골손님이 내가 튀긴 치킨을 먹고 따뜻하게 미소를 지으며 말한 적이 있다.

"여기 치킨은 참 정성이 들어가 있네요."

그 한마디가 세상의 그 어떤 칭찬보다 더 감동적으로 들렸다. 내가 만족하지 못하는 제품을 내놓지 않는 이유, 내가 내 기준에 따라 완성하지 않으면 안 되는 이유가 바로 그 한마디에 있었다.

2

타협하지 않는다

"누군가는 정직이라는 한 가지 원칙을

지키기가 어렵다고 하는데,

기준이 단순해지면 오히려 편해집니다.

다른 것에 신경 쓸 필요 없이

오직 거기에만 매진하면 되기 때문이죠.

열 가지 스무 가지 기준을 갖고 있는 것보다

훨씬 더 간결합니다.

무엇을 먼저 지킬지 우선순위를

고민할 필요도 없습니다.

그런 점에서 정직은

나에게 선택 가능한 하나의 전략이 아니라

내가 하는 일의 본질이요,

근본입니다."

최고의 상술은
정직이다

"교촌은 찌꺼기를

모아서 파나요?"

프랜차이즈 사업이 규모를 갖추기 시작하던 1996년, 닭고기 파동이 터졌다. 1년 전만 해도 닭 가격이 폭락해서 닭 사육을 포기하는 양계 농가들이 줄을 이었고 도산하는 곳도 많았다. 이런 상황은 곧 다음 해 1월부터 닭고기 가격 폭등으로 이어졌다. 생닭을 구하는 일이 하늘의 별 따기가 되어버린 것이다.

닭고기는 닭발이나 내장 등을 제거하고 난 후 무게

에 따라 호수를 정한다. 이런 살코기를 '육계'라고 하는데 500그램 전후인 5호부터 1650그램 이상인 17호까지 있다. 대개 삼계탕에 쓰는 육계는 5~6호이고, 14호 이상 되면 백숙이나 닭볶음탕으로 쓰인다. 튀김용 육계는 8~13호를 사용하는데 보통 10호를 쓴다. 무게로 따지면 대략 1킬로그램 전후다. 나는 초기부터 꾸준히 10호를 썼다. 튀김 조각을 내기에 가장 적당했기 때문이다.

1킬로그램 정도 되는 닭고기를 얻으려면 50~55일 정도가 걸린다. 닭이 알을 낳고 부화하는 데 21일, 1.5킬로그램 정도로 자라는 데 한 달, 생닭을 잡아서 식용으로 가공하는 데 하루가 걸린다. 달걀부터 시작해서 부화기를 거쳐 성장한 후 다시 알을 낳는 사육 기간을 감안하면 적게는 서너 달, 많게는 6개월 정도 걸린다. 닭고기 파동으로 일어난 가격 폭등은 하루아침에 해결될 문제가 아니었던 것이다.

1킬로그램 닭고기 가격이 천정부지로 솟구치기 시작했다. 가격이 몇 배로 뛰어오르는 것도 힘든 일이었는데, 그나마 닭고기를 구하려고 해도 구할 수가 없었다. 당장 치킨을 만들어 팔아야 하는데 수급이 불가능한 상태였다. 물량이 턱없이 부족하니 양계장에서는 1킬로그램과 같은 가격에 500그램짜리 닭을 공급하기도 했다. 닭은 성장 속도가 빠른 편이니 몇 달만 버티며 기다리면 해결될 문제였지만, 그 몇 달이 피가 마를 지경이었다. 파우더를 두껍게 해서 1킬로그램처럼 튀기는 방법도 있었다. 실제로 다른 업체에서는 그런 방식으로 치킨을 만들어 팔기도 했다.

하지만 나는 얄팍한 눈속임으로 고객을 기만하고 싶지 않았다. 그래서 500그램 두 마리를 튀겨서 한 박스에 담았다. 한 박스에 닭다리와 날개가 네 개씩 들어갔다. 수익이 나지 않아도 정량을 지키고자 애썼다. 이런 시기에 이익을 보는 것은 염치없는 일이라고 생각했기 때문이다. 그런데 이상한 소문이 돌기 시작했다. 교촌은 찌꺼기를 모아서 판다는 소문이었다.

실제로 매장으로 항의 전화가 오기도 했다.

"이게 뭡니까? 찌꺼기를 모아서 파는 겁니까?"

참담했다. 하나라도 더 주려고 손해를 보면서까지 한 노력이었는데 출처도 모르는 소문 때문에 오히려 나를 도둑놈, 사기꾼으로 둔갑시키니 그렇게 억울하고 슬플 수가 없었다. 지금껏 쌓아온 신뢰가 한순간에 무너진 것처럼 분통했다. 그러나 나는 다시 마음을 추슬렀다. 고객의 잘못이 아니라고 생각했다. 예전과 다르게 한 박스에 다리와 날개가 네 개씩 들어 있으니 이상한 소문에 휩쓸릴 법도 했다.

이후 날개와 다리는 평소처럼 두 개씩 넣고 나머지 부위를 더 넣어서 중량을 맞췄다. 시간이 지나면서 소문은 자연스럽게 사라졌다. 그런데 또 다른 문제가 생겼다. 다리와 날개가 남게 된 것이다. 버리기도 아깝고 쓰기도 애매해서 냉장고에 보관했다가 친구나 지인이 오면 따로 튀겨주었다. 그런데 날개와 다리를 먹던 한 친구가 뜻밖의 소리를 했다.

"우리 집에선 날개와 다리가 없어서 못 먹어. 애들이 아주 좋아하거든. 가슴살은 퍽퍽하다나. 치킨 한 마리를 시키면 날개와 다리가 제일 먼저 사라지고 가슴살만 남는다고. 그건 그것대로 나중에 볶음밥에 넣어서 쓰긴 하지만 치킨 먹을 때마다 날개랑 다리 더 없냐고 성화야. 이걸 좀더 파는 방법은 없나?"

이 말을 듣고 무릎을 탁, 쳤다. 날개와 다리만 따로 판다니 얼마나 획기적인가. 즉시 메뉴 구성에 들어갔다. 지금은 흔한 구성이지만 당시에는 다리나 날개만 있는 치킨이 생소했다. 그래서 출시하기 직전에는 사람들이 이상하게 여길까 봐 걱정이 되기도 했다. 하지만 판매가 시작되자 우려는 눈 녹듯 사라졌다. 만든 내가 놀랄 정도로 반응이 뜨거웠다. 말 그대로 폭발적인 반응이었다. 빗발치는 주문을 따라잡지 못해 품절 현상까지 생겼다.

지금은 한 마리 그대로 파는 오리지날을 비롯해서 다리만으로 구성된 스틱, 날개만 있는 윙, 다리와 날개를 함께 먹을 수 있는 콤보 등 메뉴가 세분화되었다. 이때 구성을 바꾼 덕분에 메뉴를 점차 체계화할 수 있었다.

부분육의 판매는 교촌 성장의 일등 공신이 되었다. 얼마 지나지 않아 다른 프랜차이즈에서도 따라 하기 시작했다. '교촌이 하면 다른 곳에서 따라 한다'는 말은 이때부터 생긴 것 같다. 위기를 타파하려고 시도한 일이 대성공으로 이어졌다. 나아가 시장을 선도한 사례가 되었으니 지금 생각해도 뿌듯한 일이다.

100억 원을 포기하고
지켜낸 것

상황이 급박하고 마음이 급할수록 정도를 지켜야 한다. 위기가 닥쳤다고 허둥대며 성급하게 대처할 수는 없었다. 이럴 때일수록 정직하게 나가자고 마음먹었다. 정직이야말로 최고의 상술이었기 때문이다. 내가 정직하고 당당하면 겁날 게 하나도 없다. 찌꺼기를 모아 판다는 오명을 썼을 때도 그랬다. 정직하게 다가가면 고객들이 결국엔 진실을 알아줄 것이라고 믿었기 때문이다.

최악의 상황에서도 흔들리지 않으려면 기준이 필요하다. 기준에 따라 결정하면 시간이 지난 뒤에도 후회가 안 되고, 손해를 봐도 그때뿐이다. 정직하게 장사하는 일이 내 평생의 기준이다. 작은 일에 눈이 멀어서 정도를 지키지 않으면 밤에 잠이 오겠는가. 정도를 벗어나면 오히려 나중에 큰 손해를 본다. 철없던 시절에는 부모님 돈을 몰래 가져다 쓴 적도 있었다. 하지만 내 일을 시작하고는 절대 그런 짓을 하지 않는다. 정직하게 장사하는 것보다 더 나은 방법을 찾지 못했기 때문이다.

태국에서 조류독감이 발생한 적이 있었다. 시기도 어쩌면 그렇게 절묘했는지, 국내산 닭날개가 부족해서 태국산 닭을 100억 원어치 정도 수입했을 때였다. 냉동 생닭은 수입이 안 되고 가공닭만 수입이 가능하다고 해서 태국 현지에 가서 1차 염지를 한 상태였다. 공장에 직접 가서 상태를 확인했다. 내 눈으로 보고도 믿을 수가 없었다. 공급처를 급하게 찾느라 발로 뛰며 여기저기에서 닭을 구해 온 노력에도 불구하고 무게는 정량에 맞지 않았고, 육계의 상태도 좋지 않았다. 신선도가 괜찮은 것도 일부 있었지만 품질이 떨어지는 것이 훨씬 더 많았다. 판매할 수 있는 닭은 10억 원어치 정도였다. 나머지 90퍼센트를 어떻게 할지 고민이 컸다. 그러나 반나절이 지나기 전에 결정을 내렸다.

"전부 처분하세요."

아무리 손해가 막심해도 질이 나쁜 닭을 원재료로 쓸 수는 없었다. 튀김 옷을 입히고 소스를 바르면 손해를 보지 않고 팔 수도 있었겠지만, 그런 결정을 내릴 수는 없었다. "교촌은 찌꺼기를 팝니까?"라는 항의에 억울했던 기억이 아직도 가슴에 생생하게 남아 있었다. 그런데 사람들에게 이런 닭을 팔면 내가 나서서 찌꺼기를 파는 것과 다를 게 없었다.

남은 육계를 전부 처분했다. 100억 원을 들였으나 90억 원을 포기했다. 닭을 처분하는 데 추가로 4억 원을 더 썼으니 남은 게 하나도 없었다. 100억 원을 버린 거나 마찬가지였다. 그러나 그 순간 이익이냐, 손해냐는 중요하지 않았다. 이유는 단순했다. 정직하지 않은 태도였기 때문이다. 정직은 내가 사업을 시작할 때부터 고수해 온 가장 중요한 가치였다.

나는 고객이 믿고 찾아준다는 사실을 한 번도 가볍게 생각한 적이 없었다. 그 신뢰는 하루아침에 쌓인 것이 아니기 때문이다. 수년 동안 좋은 품질과 정직한 서비스를 약속했고, 그 약속을 지키기 위해 끊임없이 노력해 왔다. 하지만 이번 일이 그 신뢰를 한 번에 무너뜨릴 수도 있었다. 만약 품질이 떨어지는 닭을 판매했다면, 당장은 수익을 유지할 수 있었을지 모른다. 하지만 고객의 신뢰를 잃는다면 그 손실은 몇 배, 아니 수십 배 이상으로 돌아왔을 것이다.

100억 원은 큰돈이다. 전혀 아깝지 않았다면 거짓말이다. 그러나 100억 원을 포기한 끝에 신뢰를 지킬 수 있었다. 100억 원이 아니라 그 이상을 준다고 해도 포기할 수 없는 것이었다. 그때로 다시 돌아간다고 해도 나는 똑같은 결정을 내릴 것이다.

기준이 단순해지면
사업이 편해진다

타협하지 않고 정직을 최고의 가치로 여기며 사업을 운영하는 것은 폭풍우 치는 바다에서도 방향을 잃지 않는 나침반을 갖고 있는 것과 같다. 자신의 판단이 흐려질 때 나침반의 바늘이 어디를 가리키는지 똑바로 바라보면 된다. 바람과 파도에 맞서면서도 결코 나침반에서 눈을 떼지 않는 것이다. 나의 내면의 나침반이 가리키는 방향은 '정직'이라는 항로다. 사업 환경은 늘 변하고, 때로는 험난하다. 빠르게 변하는 시장의 요구, 경쟁의 압박, 단기적인 이익을 취하라는 유혹이 끊임없이 시험에 들게 한다. 그러나 그럴 때마다 나는 원칙을 강조하며 지켜왔다. 그리고 이런 태도는 앞으로도 변함이 없을 것이다.

누군가는 정직이라는 한 가지 원칙을 지키기가 어렵다고 하는데, 기준이 단순하면 오히려 편해진다. 다른 것에 신경 쓸 필요 없이 오직 거기에만 집중하면 되기 때문이다. 열 가지 스무 가지 기준을 갖고 있는 것보다 훨씬 더 간결하다. 무엇을 먼저 지킬지 우선순위를 고민할 필요도 없다. 그런 점에서 정직은 나에게 선택 가능한 하나의 전략이 아니라 내가 하는 일의 본질이요, 근본이다. 내가 세운 회사가 단순히 이윤만을 추구하는 기계가 아닌 신뢰를 생산하는 공장이자, 사회와 고객 사이에 정직한 가치를 지속적으로 전달하는 매개체가 되기를 바라기 때문이다.

이렇게 말하면 무척 근사하고 있어 보이지만 내 생각은 그냥 소박하다. 정직하면 밥맛도 좋고 잠도 잘 온다. 누가 모함을 해도 떳떳하니 두려울 게 없다. 정직을 경영 철학으로 삼으면 성공의 기준이 달라진다. 순간의 매출 지표나 화려한 성과에 눈을 돌리지 않는다. 그 대신 신뢰와 명성을 가장 귀중한 자산으로 여기게 된다. 정직은 단지 진실을 말하는 것이 아니다. 그것은 투명성을 유지하는 것이고, 제품이나 서비스가 지닌 본질적 가치를 왜곡하지 않는 것이며, 자신의 철학을 있는 그대로 전달하려는 끊임없는 노력이다. 단기적으로는 더디 보일지라도 장기적으로는 가장 강력한 경쟁력이 된다.

"정직이야말로 최고의 상술이다."

간절하지 않은 사람과는
함께 일하지 않는다

2009년 무렵, 경기도 오산에 사옥을
완공한 지 5년쯤 지났을 때의 일이다. 수도권 변방에 본
사가 있다 보니 임직원들이 외식 시장의 변화에 점점 둔
감해져 가는 모습이 느껴졌다. 보고 듣고 느끼는 것이 많
아야 소비자들이 무엇을 좋아하는지 알 수 있을 터였다.
부랴부랴 서울 강남 한복판 역삼동에 사무실을 빌려 근
무지를 옮겼다. 대한민국의 심장과도 같은 강남에서 외식

업계의 트렌드를 읽고 안목을 넓히기를 바라는 마음에서였다.

하지만 기대와 달리 변화의 조짐이 감지되지 않았다. 시급했던 노후 가맹점의 리뉴얼도 지지부진하기만 할 뿐 대안을 마련하지 못하고 있었고, 매출도 평행선을 그으며 옆걸음질만 치고 있었다.

고객의 눈높이는 하루가 다르게 높아지는데 임직원들은 어떤 책임감도 없이 자리만 보전하고 있는 듯했다. 내 눈에 비친 그들은 더 이상 회사를 이끌어갈 동력도, 열정적인 헌신도 없어 보였다. 이래서는 될 일도 안되겠구나 싶었다. 극약처방이 불가피하다는 생각이 들었다. 아침 일찍 출근하자마자 임원을 모두 불렀다.

"당신들 전부, 지금 바로 집에 가시오."

갑작스러운 내 말에 다들 어리둥절한 표정을 지었다. 뭘 잘못 들었나 하는 얼굴들이었다.

"여러분이 이 회사에 있는 이유는 책임감 때문입니다. 그러나 그 책임을 다하지 않는다면, 더 이상 여러분을 이 자리에 둘 수 없습니다."

회의실은 한순간 침묵에 휩싸였다. 의자에 뒤로 기대

앉았던 사람들이 긴장한 듯 자세를 바로잡았다. 그러나 아직도 상황을 이해하지 못한 얼굴들이 보였다. 스스로 무엇을 잘못했는지 모르는 것 같았다. 나는 더 강하게 덧붙였다.

"한 달입니다. 한 달 동안 시간을 줄 테니 그동안 재택근무를 하든지 여행을 하든지 마음대로 하세요. 돌아올 때는 앞으로 교촌을 어떻게 끌고 나가야겠다는 명확한 대안을 갖고 오세요. 그게 아니면 돌아오지 않아도 됩니다."

더 이상 긴말하지 않고 나는 임원들을 집으로 돌려보냈다. 몰입을 해도 부족할 판국에 정신이 딴 데 팔려 있는 임원들이라면 자리를 없애는 게 차라리 나았다. 그런 사람들이 있는 사실 자체가 더 큰 위기로 느껴졌다. 만약 정말로 그들이 회사를 그만둔다 해도 배송 기사들만 있으면 나 혼자서라도 끌고 갈 수 있다는 생각마저 들었다.

결과적으로 한 달 후에 돌아온 사람은 딱 한 명이었다. 그는 현재 교촌치킨의 국내 영업 가맹점 전부를 총괄하고 있다. 그때 딱 마음먹고 생각을 바꿔 돌아온 덕분에 큰 역할을 맡게 된 것이다.

'치킨 전쟁'이라는 말이 생길 만큼 국내 치킨 업계는

경쟁이 극도로 심하다. 조금만 마음을 놓아도 금세 후발 주자에게 추격당한다. 그러나 내가 지향하는 목표는 업계 1위가 아니었다. 최고의 치킨을 만드는 것이었다. 누구도 흉내 낼 수 없는 맛과 품질, 시스템을 갖춘다면 업계 1위나 매출 1위는 저절로 따라온다고 믿었다. 장사가 너무 안되던 초기부터 질 좋은 채종유만 고집했던 것도 일류가 목표였기 때문이었다. 차별화와 고급화라는 말이 내 입에 밴 것도 그것만이 살길이라고 생각했기 때문이다.

이런 일은 나 혼자 떠든다고 될 일이 아니었다. 다리가 부서진 의자에 앉으면 의자도 앉은 사람도 쓰러지고 만다. 본사가 흔들리면 가맹점들은 더 크게 흔들리고 마는 것이다. 가맹점 하나에 속해 있는 사람들이 적게는 한두 사람에서부터 많게는 열 명이 넘었다. 이들에게는 또 책임져야 하는 가족이 있을 터였다. 가맹점 하나에 얼마나 많은 사람의 삶이 달려 있는지를 생각하면 하루도 허투루 보낼 수 없었다. 임원이라는 사람들이 이런 절박함과 책임감도 없다면 하루도 같이 일하고 싶지 않았다.

만약 그때 임원들에게 단호한 태도를 취하지 않았더라

면 교촌치킨은 그때 바로 망했을 것이다. 기껏해야 아주 작은 성공에 취해 대여섯 개의 프랜차이즈를 겨우 관리하며 지방의 이름 없는 치킨 가게로 남았을 것이다. 최악의 경우 본점도 망해서 사람들의 기억에서 완전히 사라진 채 몰락했을지도 모른다.

"해외지원팀 직원들이
왜 사무실에 앉아 있나요?"

내가 좋아하는 말 중에 '해현갱장(解弦更張)'이 있다. 악기의 줄을 풀어 팽팽하게 다시 편다는 뜻인데, 기존과 다르게 완전히 새롭게 다시 태어나는 것이다. 좋은 악기도 오랫동안 연주를 하다 보면 줄이 느슨해지기 마련이다. 줄이 느슨해지면 당연히 소리가 나빠진다. 연주자의 실력이 아무리 좋아도 좋은 소리를 내기가 어려운 것이다. 이때 연주자의 실력을 탓해야 할까? 아니다. 악기를 다시 손보면 된다.

나도 한때는 타인과 세상을 탓하고 싶을 때가 많았다. 그러나 탓한다고 달라지는 것은 없었다. 재능이 없거나 돈이 없거나 부모를 잘못 만났다고 탓할 게 아니라 자신에게 있는 것에 집중하면서 할 수 있는 일을 찾는 편이 훨씬 도움이 된다는 것을 알았다.

기업을 이끌 때도 마찬가지였다. 처음 맡는 일에서 직원들이 실수할 수 있고, 내 결정이 잘못될 수도 있다. 그래서 회사에 손해를 입히기도 한다. 그러나 이런 일은 얼마든지 일어날 수 있는 일이다. 잘못이 있으면 통렬하게 반성하고 새로 마음을 다잡아 잘해보려고 노력하면 된다. 느리더라도 간절한 마음으로 해나가면 시간이 지난 후에는 큰 변화가 생긴다.

성공이란 멈추지 않고 변화를 받아들일 때만 지속될 수 있다. 사람들 대부분이 기존 방식에 안주하려고 할 때마다 나는 해현갱장의 철학을 떠올렸다. 이 말은 기존의 모든 관행을 재검토하고, 필요 없는 부분은 과감히 없애며, 새로운 방식으로 다시 시작할 때마다 훌륭한 기준이 되어주었다.

회사 내부 조직 개편을 하게 되었던 때의 일이다. 많은 부서가 이미 안정적인 체제를 갖추고 있었고, 직원들 또한 그 체제에 익숙해져 있었다. 그런데 해외지원팀이 국내 사무실 책상에서 앉아 있는 게 이상했다.

"해외지원팀 직원들이 왜 사무실에 앉아 있나요?"

그날 이후, 행정적으로 지원할 한 사람만 남기고 모두 해외 현장으로 내보냈다. 사람의 심리와 행동도 때로는 현처럼 끊임없이 조율할 필요가 있다. 마치 악기 연주자가 자신이 연주하는 곡의 감정에 따라 현의 강약을 조정하는 것처럼 상황에 맞게 태도를 재조정해야 하는 것이다. 조직은 멈춰 있는 것이 아니라 살아 숨 쉬는 유기체다. 그 유기체를 유지하고 발전시키려면 끊임없이 조율하고, 때로는 과감히 새롭게 변화를 시도해야만 한다. 더 나은 방법이 있다면, 설령 그것이 익숙하지 않더라도 용기를 내야 하는 것이다.

능력 없는 사람보다
간절함 없는 사람이 더 무능하다

얼마 전 회사에서 주니어들과 대화를 나누는 시간이 있었다. 한 직원이 이런 질문을 했다.

"지금까지 다녔던 회사 중에서 교촌을 가장 오래 다니

고 있습니다. 그러다 보니 애정도 큽니다. 여기에서 임원으로 승진하는 것도 좋은 인생이겠지만, 욕심이 생길 수도 있잖습니까? 만약 제가 창업을 한다면, 창업가 후배에게 해주고 싶은 조언이 있으신지요?"

핑장히 반가운 말이었다. 이런 인재라면 우리 회사에 오래오래 다니기를 바라지만, 그건 내 욕심일 수도 있었다. 우리 회사에 다니다가 자기 일을 찾아서 나간다면 당연히 열성적으로 응원할 터였다. 나는 고심 끝에 소신을 밝혔다.

"창업을 한다면 절박함과 간절함이 따라야 한다고 생각합니다. 예를 들면 운영에 어려움을 겪을 때 사람이 얼마나 절박해지겠어요. 그런데 그 절박함은 이 위기를 이겨내야겠다, 반드시 해내야겠다는 간절함으로 이어져야 합니다. 그다음은 열정입니다. 끝없는 열정으로 나만의 것을 만들어가야죠."

이날은 시간상 긴 이야기를 하지 못했지만, 시간이 지난 후에도 그 직원의 질문이 가슴에 오래 남았다. 지금도 내 생각은 단순하고 명료하다. 간절함이 없는 사람과는 함께하기 어렵다는 것이다. 간절함이 없다는 것은 목표를 향한 열정이 없다는 뜻이며, 이는 곧 한계를 넘어서기 위한 노력을 포기하는 것과 같다.

간절함이란 단지 성과를 내기 위한 열망이 아니라 조직의 성장과 혁신을 가능하게 하는 원동력이라고 생각한다. 간절함은 자동차의 연료와 같은 것이다. 쭉 뻗은 고속도로를 달리기 위해 성능이 좋은 차를 구입해도 연료가 충분하지 않으면 목적지에 도달할 수 없다. 결국 차는 멈추고 말 것이다. 도로 한가운데 멈춰 선 자동차는 자신은 물론 다른 운전자들도 위험하게 만든다.

성과를 내기 위한 과정에서 가장 중요한 것은 재능이나 행운이 아니라 '자신의 일'에 대한 절박함이다. 마라톤에서 우승을 꿈꾸는 선수는 결승선을 향해 달릴 때, 자신의 전부를 쏟아낸다. 그러나 단순히 달리는 것만으로 만족하는 사람은 고통의 경계를 넘지 않을 것이다. 더 나아가야 할 동력이 없기 때문이다.

기업 환경도 이와 같다. 오늘날의 치열한 시장에서 살아남기 위해서는 모든 순간에 최선을 다해 결과를 만들어내는 사람이 필요하다. 간절함이 있는 사람은 자신이 맡은 일에서 작은 성과에도 목말라하며, 그것을 이루기 위해 밤낮없이 고민한다. 하지만 간절하지 않은 사람은 어떤 문제가 닥쳤을 때 쉽게 포기하거나 대충 타협한다. 이런 태도는 조직 전체의 동력을 약하게 만들고, 회사가 한 단계 더 도약하는 것을 가로막는다.

간절함 없는 사람과 일하는 것은 수영을 전혀 배우지 않은 사람에게 구명조끼 없이 깊은 바다에서 함께 수영하자고 하는 것과 같다. 목표를 이루기 위한 필사적인 노력이 없으니 위기 상황이 닥치면 버티지 못하고 그저 빠져나가려 할 것이다. 함께 뛰어든 사람도 결국에는 물속에서 허우적거리다가 최악의 경우를 맞을지도 모른다.

치킨을 만들 줄 모르던 나도 배우면서 일이 늘었다. 처음엔 튀김 온도도 맞추지 못했고 밀가루를 반죽하는 비율조차 몰랐지만, 더 맛있는 치킨을 만들고 싶다는 간절한 마음으로 연구를 거듭했다. 소스의 '소' 자도 몰랐지만, 찜닭 등에 쓰이던 간장소스를 매일 연구하며 맛을 차별화하기 위해 노력했다. 국내산 천연 식재료를 다양하게 바꿔보며 애쓴 결과 기존의 간장소스 맛을 혁신적으로 변화시켰다. 연구를 거듭하다 보니 닭에 대해서만큼은 누구보다도 잘 알게 되었다.

능력이 없다면 배울 수 있고, 처음 해보는 일이라 실수를 하면 앞으로 개선하면 된다. 그러나 간절함이 없는 사람과 일하게 되면 아무리 뛰어난 전략이 있어도 그 전략을 현실로 만들어내기 어렵다. 간절함이야말로 삶의 진정한 추진력이고, 추진력이 없는 비전은 공허한 꿈에 불과하기 때문이다.

조금이라도 성에 차지 않으면
처음부터 다시 한다

"지금 바로 문 닫으세요"

요즘엔 뭔가 만들어내는 속도도 그렇고 메뉴도 그렇고, 간격이 점점 더 빨라지는 듯하다. 그런 게 현대적인 추세라고도 하고, 소위 트렌드라고도 한다. 작은 부분만 조금 손봐서 새로운 메뉴라고 출시하거나, 기존의 것을 살짝 비트는 것을 창의성이라고도 한다. 음식뿐만 아니라 옷도 그렇고 모든 서비스가 출시해 보고 안되면 그냥 바로 포기한다고도 하는데, 그런 점에서 내가 보여온 고집은 시대에 역행하는 철학 같기도 하다. 반대로 말하면, 바로 그런 부분이 남들과 다른 점이라고 할 수 있을 것이다.

하나를 준비해도 "제대로 되었다!"라고 생각하기 전까진 내놓지 않았다. 신메뉴를 개발할 때도 그렇지만, '교촌 필방'처럼 새로운 콘셉트의 매장을 열 때도 완벽을 추구했다. 완벽주의자라서 피곤하겠다고 생각하는 사람이 있을지 몰라도, 적당히 타협하는 순간 거기가 낭떠러지라고 생각한다. 한 번 안주하면 두 번 안주하게 되고, 어느 순간 안주하고 타협하는 것이 당연하다는 듯 습관이 되는 것이다.

교촌의 차별화된 조리 방식인 '붓질'을 모티브로 한 교촌필방을 이태원에 열었을 때, 오픈을 한 뒤 얼마 지나지 않아 마지막 점검차 직접 가봤다. 그런데 내 눈에는 허점이 한둘이 아니었다. 게다가 초기에 다녀간 고객들의 후기도 좋지 않았다. 공간도 서비스도 완성도가 많이 떨어져 보였다.

"지금 바로 문 닫으세요."

이미 영업을 시작한 매장의 문을 닫는 일은 어렵다고들 하는데, 어설프고 준비가 부족한 채 영업을 하는 게 더 힘든 일이다. 내부에서는 난리가 났다. 오랜 시간 공들여 준비했던 TF팀과 실무자들의 충격도 컸을 것이다. 하지만 어쩔 수 없었다. 나는 물러서지 않고 단호하게 영업 중단을 결정했다. 그리고 차근차근 설명하며 설득해 나갔다.

"우리가 새로운 걸 시도해 보자고 해놓고 별로 새로운 게 없다는 게 말이 됩니까? 메뉴 하나라도 기존 메뉴에서 볼 수 없던 맛과 멋을 보여줘야 하는데 그런 점이 전혀 없지 않습니까?"

기왕 문을 연 매장이니 하나씩 천천히 바꿔도 된다고 생각한 사람도 있었을 것이다. 그 방법이 맞을 때도 있지만 교촌필방의 경우는 '완전히 새로운 콘셉트'의 매장이었다. 하나씩 바꿔도 되는 곳이 아니라 시작부터 완전히 새로워야 했다. 마음으로는 그날 바로 영업을 접고 싶었지만, 이미 예약을 한 고객들이 있었다. 이분들에게만 서비스를 하기로 하고 더 이상 새 손님은 받지 않기로 했다. 하루라도 문을 더 열면 그만큼 이익을 챙길 수 있겠지만, 제대로 준비가 되지 않은 상황에서 손님을 받는 일은 더 큰 손해를 부르는 일이라고 생각했다. 이것은 단지 돈의 문제가 아니라 우리가 지향하는 가치의 문제였다.

영업장은
종합 예술이어야 한다

나는 영업장은 종합예술과 같은 곳이어야 한다고 생각한다. 무엇 하나라도 완벽하지 않으면 안 된다. 어설프게 몇 가지 바꾸는 것으로는 제대로 된 '리뉴얼'이라고 볼 수 없었다. 초심으로 돌아가서 젓가락 하나, 바닥의 타일 하나까지 다시 보자는 마음으로 변화를 만들었다.

가장 먼저 대표 메뉴부터 바꾸었다. 교촌의 시그니처라고 하면, 치킨에 소스를 일일이 붓으로 바르는 조리 과정일 것이다. 그래서 소스를 붓으로 바르는 문화적 체험 공간이라는 콘셉트를 극대화했다. '시그니처 플래터'라는 메뉴를 기존 소스 1종과 붓 한 개만 제공하던 방식에서 시그니처 소스 3종과 그것을 각각 바를 수 있는 붓 세 개가 걸린 붓걸이를 제공하는 방식으로 바꾸었다. 현재 시그니처 플래터는 교촌필방의 메뉴 점유율 60퍼센트에 이를 만큼 대표 메뉴로 자리 잡았을 뿐만 아니라 외국인들에게 교촌만의 치킨 문화를 알리는 주요 아이템이 되었다.

또한 눈꽃 청귤 치킨, 윙 플래터, 필방 치킨버거, 김치 트러플 볶음밥 등 사이드 메뉴를 출시하여 다양한 맛을 즐길 수 있도록 했다. 치맥을 즐길 수 있도록 문베어 수제 맥주 메뉴를 강화하고, 치킨과 페어링이 좋은 10여 종류의 와인도 추가했다. 치킨도 얼마든지 고급스러운 음식일 수 있다는 걸 체험하게 해주고 싶어서 치킨 오마카세 메뉴도 강화했다. 닭요리를 재해석해서 새로운 맛을 구현한 코스 요리였다.

메뉴에 이어 내부환경도 개선해 나갔다. 오후 4시부터 자정까지였던 영업시간을 오전 11시 30분부터 밤 11시 30분으로 변경했다. 원래 교촌필방은 매출과 이익을 내기보다 더 많은 고객에게 교촌이 음식을 대하는 정성과 문화를 알리고자 만든 곳이었다. 오픈 시간을 한참 당긴 것은 점심 시간대 고객들에게도 공간을 개방하는 것이 당연하다는 생각에서였다.

메뉴나 영업시간을 바꾼다고 끝날 일이 아니었다. 배경음악, 조명, 아카이브존, 셀프바, 화장실, 외부 주차장의 바닥 마감에 이르기까지 조금이라도 마음에 들지 않는 곳이 보이면 더 낫게 만들려고 노력했다. 전문 큐레이션 업체를 찾아서 BGM 서비스를 맡기고 조명 업체와 별도의 컨설팅을 마친 후 조광기를 설치해서 조도를 개선했다. 낮과 밤의 조도가 다르도록 섬세하게 신경을 쓴 것은 물론이고 외부 창에 선팅을 해서 자연광을 최소화했다. 메인 아카이브존의 비주얼을 전통의 멋이 드러나면서도 세련되게 바꾸고 셀프바의 가구와 디스펜서도 공간 이미지에 어울리는 것으로 교체했다. 사람에 비유를 하자면 머리끝부터 발끝까지 전부 바꾼 셈이다.

그러나 겉모습만 바뀐다고 실체가 바뀌는 것은 아닐 터였다. 형식도 중요하지만 그 형식을 채우는 내용은 더욱 중요했다. 내가 중요하게 여긴 '내용'은 그 안에서 일하는 사람들이었다. 오마카세를 담당하는 셰프들을 비롯해 전체를 총괄하는 점장을 새로 채용했다. 모든 직원에게 교육팀 주관의 서비스 교육을 실시했다. 사업본부에서도 현장 직원들의 직급 구조와 급여 체계를 재정립해서 현장에서 수준 높은 서비스를 제공할 수 있도록 지원을 아끼지 않았다.

교촌이
콘텐츠 회사 같다는 말

7월 초 영업을 중단한 이후 거의 4개월에 걸쳐 공간, 메뉴, 서비스를 전면 리뉴얼하여 10월 말, 드디어 다시 문을 열었다. 재오픈을 하고 찾아온 손님 중에 코스 요리를 먹던 한 사람이 "이 정도면 미슐랭 스타를 받아도 되겠는데요"라고 하는 소리를 들었다. 처음에 준비한 대로 가게를 열었어도 영업에 치명적일 정도로 큰 문제는 없었을 것이다. 그러나 적당한 선에서 그쳤다면 지금처럼 외국인들이 더 많이 찾아오는 명소가 되지는 못했을지도 모른다.

누군가 이런 말을 해주었다. 교촌은 치킨 회사가 아니라 새로운 걸 보여주는 콘텐츠 회사 같다고. 정말 감사한 말이다. 우리가 하면 다른 치킨 업체에서 따라 하는 경우를 많이 보았다. 고급 종이 포장을 쓰거나 치킨 무를 따로 포장해서 배달한 일이나 부분육을 쓴 일도 그랬다. 간장 소스를 개발한 것도 남들과 다르게 만들고자 노력한 결과물이었다. 사람들이 익숙하게 좋아하는 것을 지키되, 새로움에 대한 흥미를 놓지 않았다.

음식은 경험이다. 입맛은 보수적인 데가 있어서 어지간해서는 잘 바뀌지 않는다. 그래서 아는 맛, 익숙한 맛에 안주하기도 한다. 가만히 있어도 사람들이 찾아주니 바꿀 생각을 안 하고 하던 대로만 하는 것이다. 그런데 진짜 그러면 안 된다고 생각한다.

나는 같은 것을 하더라도 어떻게 하면 더 좋게 만들까, 어떻게 하면 더 맛있게 만들까, 어떻게 하면 조금 더 신선하고 새롭게 만들까, 이런 고민을 멈추지 않았다. 자전거를 타거나 사람을 만나거나 해외에 나가도 뭐든 유심히 본다. 이 길은 뭐가 다른지, 이 사람은 어떤 점이 다른지, 이 가게는 같은 것을 파는 다른 가게보다 왜 더 유명한지 관찰하는 것이다.

내가 똑똑하고 훌륭한 사람이라면 무에서 유를 만들어보겠는데, 그럴 재주는 없기에 눈에 보이는 대로 발견해서 마음에 새기는 것이다. 물건이든 사람이든 장소든 좋은 점을 만나면 내가 하는 일에 어떻게 적용해야 할지 궁리한다. 뛰어나지 않으니 열심히 생각하고, 열심히 관찰하고, 열심히 노력하는 것이라도 해야 한다고 믿기 때문이다.

04

꿈의 크기를
함부로 줄이지 않는다

　　　　　　　　　교촌통닭을 처음 차릴 때를 생각해
보면, 10평 남짓한 가게에 살림집과 홀, 주방까지 마련해
야 했기에 여유 공간이 턱없이 부족했다. 최대한 홀을 넓
게 만들려다 보니, 줄일 수 있는 곳은 가족이 잠을 자는
방밖에 없었다. 그동안 사용했던 가구들은 거의 다 처분
하고 이사를 왔지만, 마지막까지 가져온 게 딱 하나 있었
다. 딸아이의 침대였다. 그 침대도 공간이 좁아서 머리맡

부분을 30센티미터 잘라내고 겨우 집어넣을 수 있었다.

우리 부부가 잘 공간이 터무니없이 좁아졌지만, 딸만큼은 침대에서 자게 해주고 싶었다. 침대를 빼면 나도 아내도 아주 조금은 편하게 잘 수 있었을지도 모른다. 하지만 나는 그 침대만큼은 꼭 지켜주고 싶었다. 딸아이의 작은 침대는 내가 아이에게 해줄 수 있었던 마지막 보루와 같았다.

비용을 아끼기 위해 주방이나 설비도 전문가의 손길이 꼭 필요한 곳만 빼고는 전부 내 손으로 만들었다. 밤새 작업을 한 보람이 있어서 어설프게나마 방도 생겼고 홀과 주방도 완성되었다.

가게를 완성한 다음엔 배달용 차량을 준비할 차례였다. 송정동은 구미읍이 구미시로 승격되면서 새로운 신시가지로 들어선 곳이었다. 아파트 등 주택지역은 물론이고 시청을 비롯해 관공서, 기차역, 버스터미널, 백화점, 소방서까지 있었다. 게다가 주변에 공단이 있어서 배달 수요가 많은 곳이었다. 마침 가게가 길가에 있었기에 지나가다가 들르기도 좋았다.

배달용으로는 당시 흔히 쓰던 오토바이 대신 프라이

드 자동차를 선택했다. 군이 비싼 돈 들여서 승용차로 배달할 이유가 있냐고 생각할 사람들도 있겠지만, 나는 처음부터 배달용으로 자동차를 쓰려고 마음을 굳혔다. 좁은 가게에서 더 많은 매출을 올리려면 홀 손님보다 배달에 주력해야 한다고 생각했기 때문이다. 치킨 배달이라고 하면 당연히 오토바이가 먼저 떠오를 테지만 내가 승용차를 선택한 데는 그만한 이유가 있었다.

우선 안전이 가장 큰 이유였다. 오토바이 배달은 빠르고 기동성이 좋지만, 사고 위험이 그만큼 컸다. 특히 비가 오거나 눈이 오는 날엔 미끄러지기 쉬워서 마음이 놓이지 않았다. 시간이 걸리더라도 승용차로 안전하게 배달하는 편이 훨씬 낫다고 생각했다.

둘째로, 음식의 품질을 지키고 싶었다. 지금은 오토바이에 배달 박스가 달려 있지만 당시만 하더라도 그런 게 없었다. 길이 울퉁불퉁하거나 급하게 달려야 할 때는 치킨이 상자 안에서 엉망이 되곤 했다. 아무리 주의해도 음식이 흔들리거나 기울어져서 맛이나 모양이 망가지고, 기름이 흘러나오거나 튀김이 눅눅해지기 십상이었다. 승용차는 음식이 고정된 상태에서 안정적으로 운반할 수 있었고, 배달 중에 흔들림도 적어서 치킨의 바삭함이 더 잘 유지될 터였다. 내 손으로 튀긴 치킨이 손님에게 갔을 때도 갓 튀긴 그대로 맛있게 전달되기를 원했다.

또한 날씨의 영향을 덜 받는 점도 승용차의 큰 매력이었다. 한여름의 더위나 한겨울의 추위, 비바람이 몰아치는 날에도 배달은 계속해야 했다. 오토바이로 배달을 나가면 날씨의 영향을 고스란히 받을 수밖에 없었다. 하지만 차 안에서는 온도를 일정하게 유지할 수 있어 음식이 더 오래 신선하게 유지된다.

마지막으로 소음 문제도 있었다. 야식으로 치킨을 시키는 경우도 많았는데 오토바이 소리가 밤에는 유난히 크게 들렸다. 하지만 승용차는 조용하고, 고객에게도 더 안정적인 느낌을 줄 수 있었다. 교촌치킨이라고 쓰인 승용차는 가게 홍보에도 도움이 되었다. 나는 손님들이 받을 첫인상이 가게에 대한 신뢰로 이어진다고 생각했다.

유지비는 오토바이에 비해 더 들겠지만, 배달 기사의 안전, 제품의 품질, 그리고 고객이 느낄 안정감까지 생각하면 그만한 가치는 충분했다. 비록 10평의 작은 가게였지만 내가 꾸는 꿈은 10평에 한정되지 않았다. 100평,

1000평, 그 이상으로 컸다. 프라이드는 차의 이름인 동시에 나의 '프라이드'를 상징하는 것이기도 했던 셈이다.

꿈을 줄이는 것은
최후의 수단이다

시작은 야심으로 가득 찼지만, 현실은 녹록하지 않았다. 하루에 한 마리도 안 팔리는 날이 수도 없이 이어졌다. 이런 날이 한 달, 두 달이 아니라 1년 반 넘게 이어졌다. '괜히 창업을 해서 이 고생을 하는구나!' 싶기도 했고, '지금이라도 당장 업종을 전환하거나 다른 메뉴로 바꿔야 하지 않을까?'라는 생각이 하루에 열두 번도 더 들었다.

요식업은 6개월 이상 장사가 안되면 버티기 어려운 경우가 많다. 개업 거품이 빠지고 수입이 늘지 않는 시간이 몇 달 이상 지속되면 다른 메뉴를 덧붙이는 일도 생긴다. 김밥집에서 떡볶이도 팔고 튀김도 파는 정도야 괜찮지만, 칼국수 전문점에서 김치찌개도 팔고 라면도 파는 일이 생기는 것이다. 언뜻 보면 메뉴가 늘어서 매출도 늘어날 것

같지만 이런 경우는 드물다.

보증금을 다 까먹고 손 털고 나가는 경우도 있지만 끝까지 포기하지 못해서 같은 가게가 메뉴만 바꾸는 일도 있다. 보쌈집이었다가 칼국숫집이었다가 분식집으로 재오픈하는 것이다. 인테리어도 인테리어지만 주방기기도 전부 바꿔야 하니 돈을 벌기는커녕 더 쏟아부어야 한다. 장사가 잘되면 그나마 다행이지만 너도나도 다 하는 메뉴일 경우 노하우와 전문성이 부족해서 빚만 잔뜩 지고 수렁에 빠질 위험이 더 크다.

이런 악순환을 모르는 바가 아니었기에 고민만 많을 뿐 해결책을 찾지 못하고 있었다. 교촌통닭이라는 이름을 쓰며 큰 나무처럼 뿌리를 단단하게 내리겠다는 초기의 결심이 비현실적인 꿈처럼 느껴졌다.

그런데 어느 날 이런 내 마음에 불을 붙이는 사건이 생겼다. 내가 하루에 한 마리 팔까 말까 할 때 길 건너 치킨집에서는 하루에 30마리도 넘게 팔았다. 사장님은 좋은 사람이었지만 종종 나를 약 올리곤 했다. 배달을 갔다 오면 자기 가게로 바로 가지 않고 꼭 우리 가게에 들러서 이런 말을 했다.

"오늘 치킨이 미친 듯이 팔렸네."

내 가게든 남의 가게든 장사가 같이 잘되고 있으면 좋은 일이라고 생각했을 것이다. 그러나 내 속은 하루가 다르게 곪아 터지고 있는데 이런 소리를 들으니 환장할 노릇이었다. 겉으로는 아무 소리 안 하고 싫은 티도 내지 않았지만, 속은 말이 아니었다. 그러나 이 일은 마른나무에 불이 붙는 것처럼, 꺼져가던 내 승부욕에 활활 불이 붙는 계기가 되었다. 이를 악물고 이렇게 결심했다.

'1년 뒤에도 나한테 와서 똑같은 소리를 할 수 있을지 어디 한번 두고 보자.'

실제로 1년 후 전세는 완전히 역전되었다. 동네 열 개의 치킨 가게 중에서 교촌통닭의 치킨이 가장 많이 팔렸던 것이다. 나는 얼마가 됐든 이익이 남으면 축적하기보다 투자하는 방식을 선택했다. 초기에는 한 달 치 수익을 전부 광고에 쓴 적도 있었다. 홍보든 메뉴 개발이든 더 잘되는 일에 투자하지 않고 단지 축적하는 일은 단기적인 이익에만 매달리는 일이라고 생각했다.

지금도 이 생각에는 변함이 없다. 그저 손안에 쥘 생각만 하면 더 큰 꿈을 그리며 앞으로 성큼성큼 걸어가기 어려운 법이다. 실제로 건너편 가게는 번 돈을 금고에 넣고 안전하게 모으는 데 집중했지만, 나는 금고를 열어 과감하게 투자하는 데 집중했다. 그리고 이런 선택의 차이는 엄청나게 다른 결말을 가져왔다.

무조건 꿈만 꾸는 것은 현실적인 이야기가 아닐지도 모른다. 정말 어찌할 수 없는 상황이라면 꿈을 줄이는 것이 최후의 수단이 될 수도 있다. 그러나 한 걸음 더 나아갈 수 있다면 나아가야 한다고 믿는다. 큰 꿈을 꾸는 것을 멈추지 않아야 더 큰 결과를 만들 수 있기 때문이다.

파는 사람이 편하면
먹는 사람이 불편하다

50도 찜통더위에도
에어컨을 틀지 않은 이유

교촌통닭 초기에는 장사가 안돼도 너무 안돼서 하루하루가 낙담의 연속이었다. 하루에 한 마리도 못 파는 날이 여러 날 이어졌지만, 맛있는 치킨을 만드는 연구를 게을리하지 않았다. 손님이 없어도 손님에게 진심을 다해야 한다는 굳건한 생각은 무너지지 않았다. 그때 품었던 생각이 지금도 교촌치킨의 방향성이자 가치관으로 자리 잡고 있다.

그날도 하루 종일 손님이 없었다. 유난히 더운 여름이었다. 오후의 햇볕이 뜨겁게 달아오를 무렵, 그토록 간절히 기다리던 주문이 들어왔다. 열심히 튀긴 통닭 두 마리를 소중히 들고 밖으로 뛰어나갔다. 한증막 같은 공기가 열기를 가득 품고 있었다. 창문을 모두 닫은 자동차 안은 거의 50도에 가까웠다. 푹푹 찌는 햇볕이 사정없이 차 유리창을 두드리고 있었지만, 에어컨을 켜지 않았다. 아니 켤 수 없었다. 갓 튀긴 치킨이 행여 에어컨 바람에 식을까 걱정이 되었기 때문이다. 머릿속에는 오직 치킨이 식기 전에 배달해야 한다는 생각뿐이었다.

운전하는 내내 등으로 쉴 새 없이 땀이 흘러내렸다. 운전대를 잡은 손이 자꾸 미끄러졌다. 신호등이 붉은색으로 바뀌기 전에 있는 힘껏 가속 페달을 밟았다. 배달 장소에 도착하자마자 계단을 뛰어 올라갔다. 숨이 턱 끝까지 차올랐지만 1분 1초가 아까웠다.

"배달 왔습니다!"

"아니, 세상에! 이렇게 땀을 흘리시면서!"

안에 있던 사람들이 일제히 나를 바라보았다. 숨을 거칠게 내쉬면서 땀으로 범벅이 된 내 모습에 적잖이 놀란

눈치였다.

"깨끗한 기름에 정성을 다해 튀겼습니다. 천천히 맛있게 드세요."

인사를 하고 계단을 내려오는데 다리가 후들거렸다. 길가에 세워둔 차는 햇빛을 고스란히 받아 방금 전보다 더 가열되어 있었다. 문을 열자 뜨거운 열기가 훅, 덮쳐왔다. 여전히 치킨 냄새가 남아 있었다.

'식기 전에 가져다드려서 다행이다.'

다리가 아픈 것도 어느새 잊었고, 여름 한낮의 햇볕이 뜨겁다는 생각도 들지 않았다. 정성껏 튀긴 치킨을 맛있게 드시기만 한다면야 더 바랄 게 없었다. 몸은 더위에 지친 상태였지만 마음은 홀가분했다. 오늘 두 마리를 팔았으니 잘했다는 생각이 들었다.

그런데 이날 저녁 기적 같은 일이 일어났다. 저녁 무렵 손님 세 분이 가게에 와서 다섯 마리를 포장해 간 것이다. 아까 낮에 주문했던 분들이었다. 낮에 두 마리를 팔았고, 저녁에 다섯 마리를 팔았으니, 하루에 무려 일곱 마리나 팔았다. 이게 꿈인가 생시인가 싶었다. 당시 통닭 한 마리에 6000원이었으니 하루 매상이 4만 2000원이었다. 얼마나 좋았는지 돈을 세고 또 세보았다. 이 돈이면 밀린 외상값도 조금 갚을 수 있었고, 부족한 재료도 채워놓을 수 있었다. 나한테는 실제보다 백 배, 천 배 가치 있는 돈이었다. 내일도 장사를 계속해도 된다는 희망을 준 돈이었기 때문이다.

치킨에
붓질을 하다

닭을 튀기는 건 생각보다 손이 많이 가는 일이다. 최대한 조리 과정을 단순화하는 노력도 필요하지만, 그렇다고 꼭 거쳐야 하는 과정을 생략하면 그만큼 맛이 떨어진다. 치킨을 튀길 때 기름이 너무 뜨거우면 겉만 빠르게 익고 속은 설익는다. 미리 튀겨놓았다가 덥히기만 해서 내가면 눅눅하다. 치킨을 시킨 손님들이 기대하는 건 '속까지 잘 익은 바삭함'에서 오는 만족일 것이다.

손님이 가장 중요하게 생각하는 요소가 무엇인지 하나하나 분석할수록 눈에 보이는 것이 많아졌다. 치킨의 온도가 따뜻하게 유지되는지, 포장부터 배달까지 동선은 어떤지, 소스가 골고루 배어 있는지, 튀김옷의 농도는 적절한지 세심하게 점검했다.

하루는 닭 한 마리를 어느 정도 크기로 잘랐을 때 가장 맛있게 튀겨지는지 궁금했다. 처음엔 큼직하게 열 조각으로 잘랐다. 보기엔 푸짐해 보였지만 먹기에 불편했다. 속까지 잘 안 익을 때도 있었다. 다음엔 반대로 한입에 쏙 들어갈 수 있는 크기로 잘게 잘라보았다. 먹기에는 편할지 몰라도 치킨이라기보다 닭강정에 가까워 보였다.

너무 크게 자르면 튀기는 과정에서 퍽퍽해지거나 딱딱해졌다. 잘게 자르면 먹기는 편했지만 부스러지거나 식감이 좋지 않았다. 닭 한 마리를 두고 조각조각 내면서 튀기고 맛보는 일을 수없이 반복했다. 열 조각에서 서른 조각 사이를 오가다가 결국 스물한 개라는 '황금 조각'을 찾았다. 먹기에도 편하고 바삭하게 튀겨졌고, 양념이 골고루 스며들 만큼 딱 적당한 크기였다. 스물한 조각은 현재 교촌치킨에서도 그대로 지키고 있다.

소스 개발에 대한 고민은 물론 소스를 입히는 방식에 대한 고민도 많이 했다. 처음엔 닭을 튀긴 후 양념에 쏟아붓고 묻혔다. 시간이 단축되긴 했지만, 소스가 골고루 묻지 않았다. 손으로 닭 조각 하나씩 잡고 일일이 양념에 굴리다가 문득 이런 생각이 들었다.

"양념을 따로 발라주면 어떨까?"

바로 문구점에 가서 미술용 붓을 샀다. 소스가 담긴 작은 그릇에서 붓을 적셔 치킨의 표면에 가져갔다. 치킨의 살결을 따라 소스를 발라나갔다. 치킨이 식기 전에 소스를 입혀야 했지만 최대한 붓질을 섬세하고 일정하게 하려고 노력했다. 손을 가볍게 움직이며 마치 그림을 그리듯 조심스럽게 칠했다. 소스가 닿지 않은 부분이 없도록, 한 조각 한 조각이 완벽해지기를 바라며 집중했다.

스물한 조각을 다 바른 후 치킨마다 균일하게 소스를 머금었는지 꼼꼼하게 확인했다. 붓이 지나간 자리는 깊은 빛으로 반짝였고, 소스는 튀김 옷 사이로 스며들며 은은한 광택을 냈다. 한 조각, 한 조각마다 나의 정성이 배어 있었다.

붓을 바꿔가며 몇 번을 시험해 본 끝에 치킨에 소스를 버무리는 일반적인 방식과 달리 붓질을 하면 소스가 겉면에 고루 발리며 치킨이 눅눅해지지 않고 바삭함을 유지한다는 것을 알았다. 게다가 소스의 양을 정교하게 조절할 수 있어서 바삭한 식감을 해치지 않고 적절한 맛의 밸런스가 유지되었다.

소스를 붓으로 바르는 일은 생각하지도 못한 결과를 가져왔다. 양념이 한층 더 잘 배고 고루 묻어서 "방금 만든 것처럼 맛있다", "소스랑 고기 맛이 겉돌지 않는다"라는 칭찬이 늘기 시작했다. 작은 닭 조각에 일일이 붓질을 해주는 게 쉬운 일은 아니었지만, 치킨의 퀄리티를 한 차원 끌어올릴 수 있었다.

이후, 붓도 시기에 따라 바꾸면서 사용했다. 2007년에는 독일제 소스 전용 위생 붓을 사용했는데 용도에 따라 쓸 수 있도록 작은 붓과 큰 붓 두 가지 크기였다. 2010년부터는 가격 상승에 따른 공급에 안정을 기하기 위해 국내산 소스 붓으로 바꾸었다. 그러나 6개월 사용 후에 붓깨짐 현상을 발견하고 이내 사용을 중지했다. 2019년부터는 가맹점 위생 환경과 조리의 편의성을 고려해 간장, 레드, 허니 세 가지 소스별로 붓을 추가 공급했다. 그리고 2020년부터 허니 소스를 바를 때 더 적합하도록 모의 양과 길이가 길어진 붓을 추가로 공급했다. 소스의 맛뿐만이 아니라 소스를 입히는 과정도 중요하게 여기며, 가장 맛있는 치킨을 대접한다는 생각으로 지금도 모든 매장에서 수작업 붓질로 소스를 바르고 있다.

그런데 그러다 보니 생기는 문제가 있었다. 바로 배달이었다. 붓으로 치킨 조각에 소스를 바르면 당연히 일이 늘어난다. 준비하는 시간이 길어지니 배달도 늦어질 수밖에 없다. 교촌치킨은 배달이 늦다는 소리를 종종 듣는다. 배달은 속도가 생명인데, 늦는다는 것은 치명적인 약점일 것이다. 고객을 중심으로 생각한다면서 배달이 늦다니, 모순처럼 들리기도 한다.

집에서 배고픔을 참으며 따듯한 음식을 기다리고 있을 손님들을 생각하면 1초라도 더 빨리 음식을 갖다주고 싶은 마음이 왜 없겠는가. 그래서 사업 초기에는 혹시라도 치킨이 식지는 않을까 노심초사하며 땀을 뻘뻘 흘리며 하루 종일 뛰어다녔다. 내게는 수많은 치킨 중 한 마리뿐일 수도 있지만 손님들에게는 고단한 하루를 마치고 편안한 마음으로 맞이하는 첫 번째 끼니가 될 수도 있을 테니까 말이다. 하지만 아무리 속도가 중요하다고 해도 맛은 더 중요했다. 음식의 본질은 '맛'이기 때문이다.

손님은 단순히
'음식을 사는 사람'이 아니다

"내가 편하면 손님이 불편하다."

오래전 그날, 만약 덥다고 에어컨을 세게 틀었다면 그만큼 치킨이 식어서 맛이 없어졌을 것이다. 찜통더위 속에서 힘들고 불편했지만, 덕분에 치킨의 맛을 지켜낼 수 있었다. 나의 고생스러움은 반나절 만에 치킨 다섯 마리가 더 팔리는 보상으로 돌아왔다.

만약 식은 치킨을 배달했더라면 어떻게 되었을까? 추가 주문은 없었을지도 모른다. 단지 몇 마리 더 팔고 안 팔고의 문제가 아니었다. 먹고 나서 "교촌통닭 맛없더라", "다 식어 빠진 걸 갖다줘서 바삭하지 않고 눅눅하더라"라는 소문이라도 나면 그때는 더욱더 돌이킬 수 없었다. 지금껏 쌓아온 모든 것이 다 무너지는 것이었다. 최악의 경우 가게 문을 닫고 직업을 바꾸거나 다른 지역으로 이사를 가야 할지도 몰랐다.

붓으로 소스를 바르는 과정이 불편하다고 더 맛있는 걸 알면서도 쉬운 방법을 선택했다면 어떻게 되었을까? 이후에 개선할 수 있는 부분이 있어도 눈을 감고 외면했을

지 모른다. '귀찮다', '불편하다', '시간이 걸린다'라는 생각을 뛰어넘어 오직 한 가지 목표인 '맛'을 향해 나아갔기에 더 많은 손님들에게 내가 만든 치킨을 자신 있게 내놓을 수 있었다.

손님은 내게 단순히 '음식을 사는 사람'이 아니라 사업의 동반자와 같았다. 그래서 더욱 '팔기 위한' 치킨이 아니라, '먹고 싶은' 치킨을 만들고 싶었다.

그러고 보면 사업은 치킨을 튀기는 과정과 닮아 있는 것 같다. 온도가 너무 낮으면 치킨이 기름을 머금고 눅눅해지고, 너무 높으면 겉만 타버리고 속은 덜 익는다. 적당한 온도를 유지하면서, 꾸준히 돌봐야 바삭하고 맛있는 치킨이 완성되듯이, 사업도 적절한 '온도'를 찾아가야 한다. 그 온도는 바로 고객의 기대와 만족이다. 파는 사람이 편하면, 차갑게 식은 치킨을 내놓는 것과 같다. 내가 조금 더 힘들고, 조금 더 신경 쓰더라도 손님이 그 차이를 느끼고 다시 찾아오는 순간, 그 모든 노력은 보답을 받기 마련이다.

사업을 하다 보면 매출이나 이익을 먼저 생각하기 쉽다. 하지만 나는 늘 기본으로 돌아가야 한다고 생각한다. 그 기본은 바로 '먹는 사람', 즉 손님들이다. 손님이 우리 음식을 먹으면서 행복할까? 만족할까? 이런 생각을 하다 보면 자연스럽게 내가 하는 일 하나하나에 더 신경을 쓰게 된다. 예를 들어 치킨을 만들 때 품질이 조금만 부족해도 "이걸 우리 손님이 좋아할까?"라고 고민하는 것이다. 내가 파는 것은 단순히 치킨 한 마리가 아니라, 그 치킨을 먹는 순간의 만족과 경험이었으니 말이다.

만족한 손님은 다시 찾아오게 마련이다. 처음엔 어쩌다 한 번 먹으러 왔더라도 만족스러운 경험이 반복되면 '이 집은 믿을 수 있어'라는 신뢰가 쌓인다. 그때부터는 단순한 가게와 손님이 아니라 진정한 파트너 관계가 형성되는 것이다. 매장에 찾아온 손님들에게 "여기 치킨 진짜 맛있어요!" "배가 불러도 남기는 게 아까워서 계속 먹어요!"라는 말을 듣는 것보다 더 큰 보람이 어디에 또 있을까.

매일 새롭게 튀겨낸 치킨을 손님 앞에 내밀 때마다 '이 손님은 오늘 이 치킨을 먹고 행복할까?'라는 생각을 떠올렸다. 바삭하고 따뜻한 한 마리 치킨을 통해 손님과 대화를 나누는 느낌이었다. 그 작은 대화가 모여서 흔들리지 않는 단골층이, 수십 년을 함께하는 파트너가 만들어졌다고 생각한다.

먹는장사는
재료가 전부다

기름을 바꾸는 날이
곧 가게를 접는 날이다

치킨은 손이 많이 가지만 의외로 단순한 음식이다. 닭이 좋고, 튀김옷과 소스가 맛있고, 기름이 깨끗하면 맛이 난다. 특히 어떤 기름에 얼마나 오래 튀기느냐에 따라 맛이 다 달라진다. 튀기면 다 맛이 똑같다고 생각하지만 그렇지 않다. 오래된 기름에 튀긴 것과 신선하고 깨끗한 기름에 튀긴 것 중에 후자가 더 맛있는 건 당연하지 않겠는가. 기름의 종류도 영향을 미친다. 기름마다 발연점이 다르기 때문이다. 통닭을 연구하는 동안 콩기름에도 튀겨보고 옥수수기름에도 튀겨봤지만, 채종유에 튀긴 것만큼 담백하고 맛있진 않았다. 맛의 비결을 찾은 기분마저 들었다.

나는 처음 장사를 했을 때부터 채종유만 고집했다. 주변의 치킨집들은 콩기름이나 옥수수기름을 썼지만, 기름에 대한 내 생각은 단호했다. 가격은 다른 기름에 비해 5~10배나 더 비쌌지만, 발연점이 240도로 훨씬 더 높았다. 식용유 특유의 향과 맛이 없어서 튀김 요리 본연의 맛을 낼 수 있었다. 무엇보다 잡스러운 맛 없이 깨끗하게 튀겨졌다. 좋은 기름을 쓰면 맛과 향이 달라지는 것을 눈으로 보고 맛으로 봤는데 어떻게 포기를 하겠는가. 비싼 채종유를 고집하는 나에게 누구는 이렇게 조언했다.

"뭘 그렇게까지 합니까? 장사가 안되는데 원가를 한 푼이라도 더 낮춰야지요."

매출이나 수익 등 숫자만 생각하면 맞는 말이었다. 하지만 내 생각은 달랐다. 그렇게 조금씩 빼고 야금야금 낮추기 시작하면 결국엔 맛을 타협할 수밖에 없는데, 그것만은 절대 하고 싶지 않았다. 치킨집을 하는 이유는 맛있는 치킨을 만들어 팔기 위해서였다. 맛이 없다면 굳이 우리 집 치킨을 사 먹을 이유가 없다. 그렇기에 기름은 아주 중요했다. 채종유는 한 입 맛봤을 때 조금이라도 더 맛있는 치킨을 만들기 위해 연구하고 노력해서 선택한 기름이었으니까 말이다.

큰돈을 갖고 차린 가게도 아니었다. 2년 동안 너무 장사가 안되어서 가게를 유지하는 것만으로 벅찼다. 월세가 밀려 보증금을 까먹을 지경이 되거나 전기세가 밀린 적도 한두 번이 아니었다. 석 달 치 밀린 전기세를 낼 수가 없어서, 한전에 사정사정해 가며 몇 번에 나눠 낸 적도 있었다. 아무리 생각해도 돌파구가 보이지 않았다. 그럼에도 통닭의 품질만큼은 기를 쓰고 지키고 싶었다.

"맛없는 통닭을 팔 바에야 장사를 접고 말지."

내 마지막 자존심이었는지도 모른다. 한 마리를 팔아도 최선을 다하자는 결심은 힘든 시기를 견뎌내는 버팀목과 같았다. 그렇기에 비싸도 채종유에서 콩기름이나 옥수수 기름으로 바꾸지 않았다. 기름을 바꾸는 날이 곧 가게를 접는 날이라고 생각했다. 시간이 지나고 입소문이 나면서 장사가 조금씩 잘되었다. 원가가 안 맞는다고 기름을 바꾸거나, 더 싼 닭을 쓰거나, 양념에 들어가는 원재료의 질을 낮췄다면 이런 결과를 맞지 못했을 것이다.

"세상에 이렇게
맛있는 막걸리가 있습니까?"

은하수 막걸리를 만들 때도 비슷했다. 좋은 재료 외에는 화학 첨가물을 일절 넣지 않았다. 예전부터 전해온 레시피를 그대로 지키면 굳이 첨가물을 넣지 않아도 된다. 유통기한이 짧아지겠지만, 그래서 더 맛있는 막걸리가 나오는 것이다. 은하수 막걸리에는 재미있는 에피소드가 있다. 처음부터 막걸리를 만들려고 의도적으로 계획한 게 아니라 우연한 만남에서 모든 일이 비롯되었다.

일주일에 이틀 정도는 산악자전거를 꼭 타는데, 한번은 경상도 쪽으로 라이딩을 갔다. 점심 때가 되어서 밥을 먹으러 갔다. 목이 말라서 막걸리도 같이 주문했다. 그런데 조그만 종지 같은 그릇에 뽀얗고 하얀 걸 담아서 주는 것이다. 꼭 떠먹는 요구르트나 푸딩처럼 생겼는데 향이 조금 달랐다. 궁금해서 주인에게 물었다.

"이게 뭡니까?"

"막걸립니다."

생각하지도 못한 대답에 깜짝 놀랐다. 마시는 막걸리만
봤지 떠먹는 막걸리는 머리털 나고 처음 봤으니 말이다.
한 수저 떠서 먹었더니 맛이 기가 막혔다. 입에 넣자마자
고급스러운 맛이 퍼져나갔다. 막걸리에 대해 전혀 모르는
데도 뭔가 확실히 다르다는 걸 알 수 있었다.

마시는 막걸리도 나왔는데 그것도 맛있었다. 평소 막걸
리를 즐기는 편이 아닌 나도 계속 마실 만큼 일반적인 막
걸리와는 맛이 완전히 달랐다. 인위적인 단맛이 하나도
없고 뒷맛도 아주 깔끔했다. 농도며 질감이며 목 넘김이
며 뭐 하나 걸리는 게 없었다.

"세상에 이렇게 맛있는 막걸리가 있습니까?"

"제가 직접 담근 건데 입에 맞으십니까?"

"맞는 정도가 아니라 아주 훌륭합니다. 이런 맛은 어떻
게 냅니까?"

"집안에 대대로 내려오는 비법이 있습니다."

알고 보니 집안 대대로 내려오는 막걸리 제조 비법이

있었고, 식당 주인이 바로 그 집안의 종부였다. 여기서만 맛보는 게 너무 아까웠다. 이렇게 좋은 건 세상에 알려야 한다는 생각이 들었다. 맛있는 건 혼자 먹는 것보다 나눠 먹는 게 더 맛있지 않던가. 그래서 내가 누구인지 밝히고 사업 제안을 했다. 집안에 전승되는 비법 그대로 막걸리를 만들고, 사업에서 나오는 이익을 나누면 서로에게 좋을 것 같았다. 이 맛있는 막걸리를 그대로 보존해서 세상에 알리고 싶다고 말을 꺼낸 후, 실제로 어떻게 현실화할 수 있을까 고민하던 차에 경상북도 영양에 100년 된 양조장이 문을 닫을 위기에 처했다는 소식을 들었다. 이 기회를 놓치면 안 될 것 같았다. 훌륭한 레시피도 있겠다, 제대로 일해온 양조장도 있겠다, 진짜 작품을 제대로 만들어보고 싶었다.

남은 것은 이름이었다. 어떤 이름이 좋을지 생각하다가 내 머리만으로는 부족한 것 같아 전문 컨설턴트에게 맡겼다. 그분은 양조장이 있는 영양에 내려가서 며칠 묵겠다고 했다. 이게 어떤 곳에서 만들어지는 막걸리인가 직접 눈으로 보고 듣고 느껴야 좋은 이름이 생각날 것 같다는 이유였다.

어느 날 밤, 그분이 밤에 산책을 나갔는데 구름 한 점 없이 먹물같이 까만 하늘에 빛나는 별들이 은하수를 이루고 있었다고 했다. 그날 바로 이름이 나왔다. 은하수 막걸리. 나도 듣자마자 바로 좋다고 했다. 은하수처럼 맑은 맛이 나는 우리 막걸리와 잘 어울렸다.

은하수 막걸리는 다른 잡스러운 건 하나도 안 넣고 쌀하고 물하고 딱 필요한 것만 들어가서 맛이 깔끔하다. 떠먹는 막걸리, 6도짜리, 8도짜리 이렇게 세 가지 버전으로 만들었다. 순한 맛을 좋아하는 분들도 있지만 진한 맛을 좋아하는 분들도 있으니 취향대로 먹으면 좋겠다 싶었다. 6도짜리는 술에 약한 분들도 부담 없이 드시는 것 같다. 막걸리를 안 먹는 지인들에게도 권해봤는데 "어? 이건 좀 음료수 같네?" 하면서 잘 마셨다.

먹는장사의
기본

깊은 맛이든 담백한 맛이든 맛의 기본은 재료에서 출발한다. 이것은 음식을 만드는 사람이라면 누구나 공감할 것이다. 좋은 재료가 음식의 전부라고 말해도 과언이 아니다. '먹는장사는 재료가 전부'라고 믿는 철학은 단순히 한 끼 식사를 제공하는 것을 넘어서는 일이다. 진정한 가치를 전하고자 하는 깊은 열정에서 비롯된 일이기 때문이다. 음식 장사를 하는 사람은 매일 새벽, 시장에서 직접 신선한 재료를 고르는 일로 하루를 시작한다. 사소해 보일 수 있는 이 과정이야말로 장사의 핵심이다. 재료 하나하나가 손님의 건강과 만족을 결정짓기 때문이다.

나는 단지 맛을 내기 위한 화려한 조미료나 기교보다는 자연 그대로의 재료가 가진 본연의 맛을 존중한다. 신선한 채소, 품질 좋은 고기, 적당히 숙성된 소스, 그리고 깨끗한 물이야말로 최고의 요리를 만들어내는 핵심이라는 믿음을 갖고 있다. 이런 음식은 화려하지는 않지만, 한 입 먹었을 때 느껴지는 신선함과 깔끔한 맛이 마음을 사로잡는다.

내가 중요하게 여기는 것은 단순히 재료의 질만이 아니다. '어디에서 왔는가?'에 대한 신뢰도 매우 중요하다. 마늘도 고추도 국산만 고집하면서 최고의 산지를 찾았던 이유가 있다. 예전부터 마늘은 의성, 고추는 청양을 최고로 쳤다. 이미 최고의 산지를 알고 있는데 굳이 다른 지역의 물건을 선택할 이유가 없었다. 어렸을 때 아버지는 좋은 소금을 사러 새벽부터 전라남도 신안의 염전에 직접 가시곤 했다. 좋은 소금이라면 천 리를 마다하지 않고 집요하게 찾았는데 그 열정이 내게도 이어진 게 아닌가 싶다.

믿을 수 있는 생산자들로부터 재료를 공급받기 위해 오랜 시간 신뢰를 쌓아왔고, 그들이 제공하는 재료가 언제나 일정한 품질을 유지할 수 있도록 끊임없이 점검했다. "좋은 재료 없이는 좋은 음식을 만들 수 없다"라는 믿음은 재료의 선택에서부터 시작해 조리의 모든 과정에 반영했다.

재료를 존중하는 마음이 곧 손님을 존중하는 마음이라고 생각한다. 손님이 음식을 먹고 기쁨을 느낄 때, 그 기쁨이 바로 신선한 재료에서 비롯된다고 믿는다. 좋은 재료로 정성껏 만든 음식은, 그 무엇과도 비교할 수 없는 가치를 지닌다. 음식을 입에 넣는 순간 느끼는 신뢰감이란 주방에서부터 손님에게 이르는 모든 과정에 대한 자신감이기도 하다.

물론 좋은 재료를 사용하는 것이 때로는 비용 면에서 고민이 될 때도 있다. 그러나 원가 절감을 위해 재료의 질을 희생하는 일은 절대로 하지 않았다. 이것은 창업 초기부터 지금까지 일관되게 지켜오는 원칙이다. 우리가 제공하는 음식에 대해 느끼는 만족감이 장기적인 성공을 이끈다는 것을 잘 알기 때문이다.

음식은 정직해야 한다. 그 정직함은 바로 재료에서 시작된다. 음식에 거짓이 없고, 재료가 가진 본연의 맛을 제대로 살리는 것, 그것이야말로 먹는장사의 기본이며 성공의 열쇠다. 값싼 재료로 눈먼 매출을 올리는 것보다 좋은 재료로 손님에게 신뢰를 주는 편이 길게 보면 훨씬 더 이롭다. 그 신뢰야말로 손님들의 발걸음을 끌어당기는 초강력 자석이다.

저가 경쟁에
뛰어들지 않는다

1000원의 고민

누군가는 교촌치킨이 비싸다고 한
다. 누군가는 교촌치킨이 프리미엄 치킨이므로 비싼 것도
당연하다고 한다. 단돈 1000원이라고 해도 때로는 비싸
게 느끼는 것이 사람의 마음이다. 나는 예전부터 맛과 품
질이 뛰어난 치킨을 만드는 게 중요하다고 생각했다. 싸
게 만들어서 많이 파는 것보다 좋은 재료로 맛있고 건강
한 치킨을 만드는 게 목표였다.

교촌통닭이 구미에서 맛 좋은 통닭집으로 서서히 자리

잡기 시작했을 무렵에도 마찬가지였다. 내 머릿속은 어떻게 하면 더 뛰어난 치킨을 만들지, 하루 24시간 치킨 생각밖에 없었다. 지역의 작은 동네 맛집으로 만족하고 싶지 않았기 때문이다. 누가 가르쳐준 것도 아니고, 그렇게 해야만 한다고 채찍질한 것도 아니었다. 그냥 그런 생각이 들었다. 장사가 잘되면 그 정도 수준에서 안주하는 사람들도 있는데, 나는 적당한 곳에서 멈추고 싶지 않았다. 거북이가 바다를 향하듯 본능적으로 더 잘되는 법을 연구하고, 더 나은 품질을 만들고자 골몰했다.

품질과 인기를 지키려면 신선한 식재료를 공급하는 게 가장 중요했다. 하지만 그것만으로 모든 문제가 해결되는 것은 아니었다. 치킨 무 용기나 쇼핑백처럼 소소한 부분에도 신경 쓸 일이 많았다.

싸게 박리다매로 파는 것도 이익을 올릴 방법 중 하나였을 것이다. 그러나 내가 추구한 것은 누가 먹어도 맛있는 치킨, 돈이 아깝지 않은 치킨이었다. 이런 고집으로 인해 점점 고급화가 되긴 했는데 동시에 원가도 점점 높아졌다. 이렇게 가다간 팔수록 손해 볼 것만 같았다. 도무지 안 되겠다 싶어서 가격을 1000원 올렸다. 다른 치킨 가게들이 6000원 받을 때 7000원을 받은 것이다. 가격을 올린 타격은 바로 나타났다. 배달 주문이 줄고 매장 방문도 줄었다. 매출이 뚝뚝 떨어지는 게 눈에 보였다.

하루도 안 되어 후회가 밀려왔다. 고급화, 고급화 외치다가 가게가 망하면 무슨 소용이랴 싶었다. '다시 가격을 내릴까?'하는 생각과 '조금만 더 버티자'라는 생각 사이에서 하루에도 몇 번씩 왔다 갔다 했다. 그러나 결국 가격 인상을 고수했다. 가격을 내리면 당장은 매출이 돌아온다 해도 이후에 더 나은 시도를 하기 어렵다는 판단이 들어서였다.

보름 정도 지나니 주문이 원래 수준으로 회복되었다. 가격만 올리고 기다린 게 아니라 '고급 치킨'으로 느끼게끔 포장부터 배달까지 서비스를 개선한 일이 통한 것이다. 눈에 보이는 모든 것을 꼼꼼하게 관찰했다. 닭을 튀길 때도, 포장할 때도, 배달을 갈 때도, 손님에게 치킨을 건넬 때도, 한 가지라도 더 나은 방법은 없는지 눈여겨 살폈다.

프랜차이즈 사업으로 키워낸 이후에도 교촌치킨의 가격 인상은 주요 이슈가 되었다. 인건비, 임차료, 원자재 가격 상승 등 사업적 판단과 내부적인 어려움 속에서 결정한 일이었다. 하지만 가격 인상 후에 많은 어려움이 따랐다. 교촌치킨을 좋아하던 분들도 새로 책정된 가격에 반발했고, 일부는 다른 저렴한 브랜드로 눈을 돌리기도 했다. '치킨플레이션'이라는 신조어마저 등장할 정도였다. 이 일로 경쟁 회사에 매출 1위 자리를 내주는 아픔도 겪었다.

그러나 이때도 나는 저가 경쟁에 뛰어들지 않았다. 오히려 맛과 품질을 유지하는 데 더욱더 집중하겠다는 의지를 굳혔다. 단기적으로 매출을 끌어올려도 장기적으로는 우리의 가치를 훼손한다고 생각했기 때문이다. 한계가 없는 저가 경쟁은 결국 자기 살을 파먹는 결과를 가져올 뿐이다.

"교촌은 비싸지만,

먹을 때마다 후회는 안 돼요"

저가 경쟁은 마치 달리는 트레드밀과 같다. 처음에는 조금 더 빨리 뛰면 된다고 생각하겠지만, 점점 속도는 빨라지고, 한번 발을 잘못 디디는 순간 넘어지고 만다. 가격을 낮추면 단기적인 매출을 올릴 수 있을지 모르지만, 그 경쟁은 끝이 없다. 고객의 기대는 점점 더 높아지고, 더 낮은 가격에 더 좋은 서비스를 제공해야 하는 악순환에 빠지는 것이다.

나는 그런 트레드밀 위에 올라타고 싶지 않았다. 모든 경쟁자가 가격을 낮추며 고객을 끌어모으는 전략을 선택할 때, 나는 거꾸로 트레드밀에서 내려가 그들의 싸움에서 한 발짝 물러섰다. 무작정 달리기보다 한 발 한 발 확실히 내디디며 걷기를 선택한 것이다. 그 발걸음 하나하나는 바로 맛과 서비스였다. 가격을 낮추는 대신 가치를 높이는 데 집중했다. 가장 신선한 재료를 고집하고, 손님의 기대를 뛰어넘는 맛을 내기 위해 더 많이 노력했다.

치킨은 한국인에게 단순한 음식 이상의 상징을 지니고 있다. 그저 배를 채우는 음식이 아니다. 치킨은 '기쁨'을 떠올리는 특별한 음식이다. 친구들과 모여 즐기는 자리, 가족과 나누는 행복한 시간, 혼자 여유롭게 보내는 순간에 함께하는 음식이다. 그런 순간이야말로 내가 진정으로 팔고자 하는 가치였다. 교촌이 비싸다는 이야기를 들을 때마다, 나는 오히려 이런 질문을 던졌다.

'우리가 그만한 가치를 충분히 전달하고 있는가?'

단순히 가격을 낮추는 것이 아니라 그 가격에 걸맞은 경험을 제공하는 것이 목표였기 때문이다. 이것은 예전 교촌통닭을 할 때부터 교촌에프앤비가 된 지금까지 한결같이 고수하고 있는 점이다. 내가 가격 경쟁에 뛰어들지 않는 이유는 서비스의 가치를 높이는 것이 더 중요하다고 믿기 때문이다.

2021년 교촌 가맹점에서 판매한 치킨의 숫자는 약 5100만 마리였다. 2005년 약 1800만 마리를 팔았으니 5000마리를 돌파하기까지 16년이 걸린 것이다. 이것이 과연 어느 정도의 숫자일까? 한 해 우리나라에서 소비하는 닭고기는 약 10억 마리다. 한국인이 먹는 닭 20마리 중에서 한 마리를 교촌이 맡고 있다는 말이다. 우리나라 인구수가 대략 5150만 명이니 1년 동안 한국인 한 명당 교촌 치킨 한 마리는 먹은 셈이다. 그만큼 교촌이 국민 행복의 일부를 담당하고 있다는 이야기가 아닐까?

저가 치킨이 단순히 배를 채워주는 것에 그친다면, 나는 그 이상의 경험을 전하고 싶다. 치킨 배달이 조금 늦어질 때, 배달원이 손님에게 건네는 한마디의 사과가 그날의 피곤함을 덜어준다. 매장에서 나가는 치킨 한 마리가 여전히 따뜻하고 바삭한 상태로 고객의 집에 도착했을 때 형언할 수 없는 행복이 전해진다. 한번은 매장에 온 손님이 이런 말을 해주었다.

"교촌은 비싸지만, 먹을 때마다 후회는 안 돼요."

이 말이 나에게는 가장 큰 칭찬으로 들렸다. 비싼 가격이 문제가 아니라, 그 가격에 대한 만족감을 느끼게 하는 것이 내가 원하던 일이었으니 말이다. 저가는 고객을 불러오지만, 가치는 고객을 머무르게 한다. 저가 경쟁에 뛰어들면 단기적으로는 더 많은 고객을 유치할 수 있을지도 모른다. 하지만 그 고객들을 다시 돌아오게 만드는 힘은 어디에서 나올까? 가격이 아니라 가치에서 나온다.

서로를 물어뜯는 가격 경쟁은 끝없는 소모전일 뿐이다. 반면 고급화는 새로운 시장을 창출하고 지속 가능한 성장의 길을 열어준다. 지금까지 해왔던 것처럼 앞으로도 나는 빠르게 달리는 트레드밀 대신, 고객의 곁에서 천천히, 하지만 확실하게 걸어가고자 한다.

돈보다 더 중요한 것이 있음을
잊지 않는다

들불이 번지듯
파죽지세로 뻗어가다

2003년 당시 치킨 업계는 복마전이 따로 없었다. 약 2조 원의 시장을 두고 50개의 업체가 치열한 경쟁을 벌이고 있었다. 광고에서도 서로를 깎아내리며 신경전을 벌였다. 전체 매출로 보면 업계 1위는 아니었지만, 맛으로는 우리가 무조건 1등이라고 믿고 있었기에 나는 더욱 치열하게 사업에 매진했다. 목표로 삼았던 가맹점 매출액 2500억 원을 돌파하는 기염을 토하면서 이해에만 500개가 넘는 가맹점이 생겼으니, 누군가의 표현대로 '들불이 번지듯 파죽지세'였다고 할 만했다.

그리고 드디어 2003년 가맹점 1000호점이 탄생했다. 지방의 작은 소도시에서 출발한 이름 없는 치킨집이 전국구 치킨집으로 성장한 일은 언론에도 여러 번 다뤄지며 큰 화제가 되었다.

평소 감정을 잘 드러내지 않는 나도 감격스러움을 감추기가 어려웠다. 사업을 하려면 감정을 통제할 필요가 있다. 그래서 작은 가게에서부터 시작해 기업으로 키워가는 동안 기쁨도 슬픔도 분노도 즐거움도 속으로 삼키며 일희일비하지 않으려고 노력했다. 그러나 이날만큼은 그동안 닫혀 있던 감정의 댐이 조금씩 터져 나오는 것을 느꼈다. 지난날의 고생이 파노라마처럼 스쳐 지나갔다. 손바닥만 한 작은 가게 하나를 겨우 꾸려나갔던 날들, 손님이 오지 않는 매장에 앉아 방법을 모색하던 날들, 한밤중까지 치킨을 튀기느라 머리카락부터 온몸에서 기름 냄새가 빠지지 않던 날들, 교촌은 찌꺼기를 모아서 판다는 악의적인 소문에 시달렸던 날들도 떠올랐다.

그저 하루하루 성실하게 해내자고 다짐하며 걸어온 길

이었다. 1000호점은 그저 기록으로 남기만 할 단순한 숫자가 아니었다. 처음 치킨을 튀기던 작은 주방에서 불어오는 기름 냄새, 처분할 수밖에 없었던 닭고기 박스를 새벽까지 옮기며 느꼈던 사업의 무게, 점주들과 나누었던 얕은 농담과 짙은 한숨까지 전부 그 숫자에 깃들어 있었다.

그제야 나는 더 깊게, 더 강하게 깨달았다. 이 자리에 오기까지 한순간도 혼자였던 적이 없었다는 것을. 함께 고생하고 꿈을 나눈 사람들이 그 숫자 안에 고스란히 살아 있다는 것을. 1000이라는 숫자는 수많은 사람의 일터였고, 꿈이었고, 한 가족의 생계였다. 또한 내 좁은 인생을 훌쩍 뛰어넘어 넓은 세상을 향해 힘차게 뻗어 나온 희망이자 가능성이었다.

"고생 많았네."

마음속으로 작게 혼잣말을 했다. 굳이 누가 이런 말을 나에게 들려주지 않더라도, 이번 한 번만은 스스로를 위로하고 인정해 주고 싶었다. 그리고 또 한 번 마음을 다잡고 새로운 목표를 향해 가자고 굳게 다짐했다. 내가 걸어온 길 위에서 나를 믿고 여기까지 와준 사람들을 위해 든든한 울타리가 되어주고 싶었다.

성공의 정점에서 맞이한
사상 최대의 위기

그러나 기쁨도 잠시, 예상하지 못한 불운이 닥쳤다. 지금껏 숱한 위기를 겪었어도 이런 적은 없었다. 교촌을 창업한 후, 한 번도 경험하지 못했던 최대의 위기였다. 조류독감이 터진 것이다.

1990년대까지만 해도 조류독감은 생소한 말이었다. 사람처럼 새도 독감에 걸리냐고 묻는 사람들도 많았다. 닭이나 오리 농가에 치명적인 영향을 미치는 것도 큰일이었지만 사람들의 공포를 자극한 건 2003년 홍콩에서 조류독감에 감염된 사람이 사망한 사건이었다.

사실 조류독감에 걸린 닭으로 치킨을 만들어도 사람의 몸에 영향을 미치는 것은 아니다. 치킨을 튀기는 온도가 170~180도이기 때문에 바이러스 자체가 생존할 수 없는 것이다. 하지만 방송에서, 나라에서 아무리 안전하다고 알려도 사람들은 막상 치킨에 손을 대는 것에 두려움을 느꼈다.

국내 농장에 조류독감이 퍼진 건 2003년 12월, 연말을 앞둔 시점이었다. 충청북도 음성의 사육장에서 닭 1만

9000마리가 죽었는데 조류독감으로 판명된 것이다. 며칠 지나지 않아 사람에게도 전염될 가능성이 있다는 뉴스가 나왔다. 공포는 순식간에 퍼져나갔고 수백만 마리의 닭과 오리가 살처분되었다. 평생 듣지도 보지도 못한 일이 생긴 것이다.

조류독감 소식이 들려온 그날, 회사는 그야말로 혼란의 중심에 서 있었다. 하루아침에 시장 전체가 흔들리기 시작했다. 닭 공급이 막히고, 소비자들의 불안은 커졌다. 지금까지 겪어온 위기와는 차원이 달랐다. 사업의 존폐까지 달린 문제였다. 그 순간 내 머릿속은 '이 위기를 어떻게 넘길 것인가?'라는 물음으로 가득 찼다. 즉시 비상 대책 회의를 열었다. 닭 공급망을 안정화하는 것이 급선무였지만, 그보다 먼저 생각한 건 고객의 안정과 신뢰였다.

'고객이 불안해하는데 우리가 할 수 있는 최선은 무엇인가?'

이 질문이 모든 결정의 출발점이었다. 내 생각은 명확했다. 절대로 고객의 안정과 신뢰를 타협할 수 없다는 것이었다. 당장의 수익과 손실은 중요하지 않았다. 가장 먼저 한 일은 공급받는 닭들의 검역 상태를 철저히 확인하는 것이었다. 믿을 수 있는 곳에서만 닭을 공급받기로 했고, 그 과정에서 생기는 추가 비용은 모두 감수했다. 고객들에게는 투명하게 현재 상황을 알리고 검역을 거친 닭만을 사용한다는 점을 강조했다. 사람들의 불안을 해소하고 신뢰를 지키는 것이 우선이었다.

"새로운 가맹점을
당분간 열지 않겠습니다"

　　　　　　　한편, 가맹점주들은 하루가 다르게 아우성을 지르고 있었다. 매출이 급격히 떨어지면서 그들의 생계도 위협받는 상황이었다. 피를 말리는 시간의 연속이었다. 특히 닭날개가 전혀 공급되지 않아 영업을 하기 어려웠다. 치킨 프랜차이즈의 대표 격으로 부상하고 있던 때라 정부와 유관기관을 다니며 현황을 설명하고 양계농가 대표자와 소비자, 시민단체, 가맹업주연합회 등과 직접 만났다. 점주들의 불안을 들으며 상생할 수 있는 방안을 적극적으로 찾았다.

　　내가 찾은 방안은 이럴 때일수록 원칙을 지키는 것이었

다. 최대한 우리가 처한 상황을 설명하고, '본사는 절대로 가맹점을 홀로 남겨두지 않는다'라는 메시지를 확실히 전달하기 위해 이렇게 선포했다.

"새로운 가맹점을 당분간 열지 않겠습니다."

당시 400여 명의 계약 대기자가 있었는데 모두 포기했다. 기존 가맹점들의 고통을 분담할 수 있다면 80억 원의 손해는 감수할 수 있었다. 가맹점을 늘리지 않고 위기 극복에 힘을 썼다. 사상 최대의 위기였지만 가맹점이 살아야 본사가 산다는 확신에는 전혀 흔들림이 없었다. 그 어느 때보다 점당 매출 올리기에 힘을 썼다. 교촌의 이름을 쓰는 한 절대 망하게 하지 않는다는 신념을 다시 한번 되새겼다.

이후 20년 동안 신규 가맹점 수는 고작 300여 개에 불과했다. 일반적으로 본사는 신규 가맹점을 늘리는 일에 총력을 다한다. 당시 400여 명에 이르는 가맹점 계약 대기자를 포기하는 결단은 한국 프랜차이즈 업계를 통틀어서도 전무후무한 일이었다. 가맹점 400개를 새로 열기 위해서는 회사의 자원을 총동원해서 최소한 1년 동안 총력을 기울여야 했다. 그러나 조금이라도 쓸 힘이 있다면 기존 가맹점을 살리는 데 쓰고 싶었다. 본사의 인력과 자금력 등 모든 자원을 기존 가맹점의 매출 증대에 오롯이 집중했다. 위기 상황일수록 함께해야 한다는 의지를 말이 아닌 행동으로 보여주고 싶었기 때문이다.

조류독감 사태는 우리 회사뿐만 아니라 업계 전체에 커다란 충격을 주었지만, 나는 위기를 견뎌낸 후 세 가지 중요한 깨달음을 얻었다. 첫째는 신뢰는 위기에서 진가를 발휘한다는 점이다. 특히 고객과의 신뢰는 위기 상황에서 가장 큰 자산이었다. 프랜차이즈 본사의 최우선 고객은 가맹점주들이다. 아무리 큰 어려움이 닥치더라도, 정직하고 투명하게 상황을 알리고 안전을 최우선으로 생각하는 태도가 결국 신뢰를 지키는 길이었다. 그 신뢰가 우리 회사를 위기 속에서도 다시 일어설 수 있게 한 것이다.

둘째는 빠르고 유연한 대응이 생존을 좌우한다는 점이다. 예측할 수 없는 상황에서는 신속하고 유연한 대응이 필요하다. 평소에는 당연하게 여겼던 공급망도 위기 속에서는 불확실해졌다. 이를 해결하기 위해 빠르게 대처하고, 새로운 대안을 찾는 능력의 중요성을 다시금 실감했다. 기업의 생존은 얼마나 빠르게 변화를 받아들이고 대처하는지에 달려 있다.

셋째는 위기 속에서 가치와 원칙을 지키는 것이 곧 성공의 기반이라는 점이다. 위기 상황에서는 눈앞의 이익을 위해 타협하려는 유혹이 많지만, 그럴수록 기본 원칙을 지키는 것이 중요하다는 것을 배웠다. 품질과 안전에 대한 원칙을 지키고 정직하게 대응하는 것이 회사의 장기적인 성공과 지속 가능성을 보장한다. 위기 속에서 흔들리지 않고 본질적인 가치를 지키는 것은 절대적으로 필요한 일이다.

아무리 철저히 준비해도 예측할 수 없는 상황은 언제든지 일어난다. 조류독감이 이때 한 번만 찾아온 것은 아니었다. 그때마다 조류독감이라는 외부 변수를 통제할 수 없었지만, 상황에 맞춰 공급망을 재구성하고 내부 프로세스를 강화하는 등 유연하게 대응했다.

위기는 언제든 찾아온다. 그리고 언젠가는 끝난다. 중요한 것은 위기 속에서 어떻게 행동하느냐이다. 위기는 일종의 시금석이다. 힘든 상황을 통해 우리 회사가 고객과 얼마나 깊은 신뢰를 쌓고 있는지, 그리고 그 신뢰가 우리 사업의 가장 큰 자산임을 절감하게 되는 것이다. 위기가 왔을 때 가장 먼저 지켜야 할 것은 고객과 가맹점에 대한 믿음이었다. 그 믿음이야말로 계속해서 나아갈 수 있는 힘이 되었기 때문이다.

현실을
외면하지 않는다

망가진 구미 매장이
안겨준 충격

　　　　　　　　2004년 경북 칠곡에서 경기도 오산
으로 본사를 이전한 후 2005년 시무식에서 '교촌에프앤
비의 재도약'을 선포했다. 양적 성장을 이룬 후 질적 성장
에 더욱 박차를 가해야 하는 때라고 느꼈기 때문이다.

　조류독감의 공포가 어느 정도 사라진 듯하더니 2006년
또 한 번 전국을 강타했다. 매출이 60퍼센트까지 줄었다
가 연말에 들어서서야 80퍼센트 수준으로 회복되었다. 한

번의 큰 위기를 겪어낸 경험이 있었기에 이번에도 차분하게 대응했다. 가맹점 관리를 더욱 철저하게 하고 신메뉴 개발에도 힘을 썼다. 2004년 레드 시리즈를 출시했고, 2006년에는 후라이드, 2010년에는 허니 시리즈를 출시했다. 하나의 메뉴를 개발하는 데 2~3년씩 걸린다고 너무 느린 게 아니냐는 원성도 있었지만, 제대로 준비해서 최적의 맛을 잡기까지는 출시하지 않았다. 누구나 납득할 수 있는 맛을 내야 비로소 시장에 선보였다. 동시에 해외 진출의 가능성도 타진하기 시작했다. 국내 시장만으로는 한계가 있다는 판단이 들었기 때문이다.

서울 경기 지역에 조금씩 가맹점이 늘기 시작할 무렵의 일이다. 오래된 매장의 시설 점검차 구미에 내려갔다. 내가 처음 창업을 한 지역이기도 했기에 구미에는 특별한 마음을 품고 있었다. 그러나 방문한 초기 매장에서 큰 충격을 받았다.

현실은 차마 눈으로 보기 힘들 정도였다. 오래된 타일은 빛을 잃었고, 벽지는 이미 너덜너덜해져 있었다. 테이블은 삐걱거렸고, 의자조차도 편안해 보이지 않았다. 오래된 인테리어, 퀴퀴한 냄새, 낡은 조리도구, 어딘가 무기력해 보이는 직원들까지. 모든 것이 내가 상상한 것 이상으로 낡아빠져 있었다. 이렇게나 오래 방치되어 있었나? 그 누가 이런 곳에서 치킨을 맛있게 먹고 싶어 하겠는가.

이곳이 우리 브랜드의 얼굴이라는 생각에 가슴이 먹먹해졌다. 눈앞에 펼쳐진 이 장면은 내가 그동안 얼마나 안일하게 현실을 직시하지 않았는지, 얼마나 많은 부분이 무너지고 있었는지를 단적으로 보여주고 있었다. 이대로 가면 지금까지 쌓아온 모든 것이 한순간에 무너질 수도 있겠다는 두려움이 밀려왔다. 이곳은 더 이상 '교촌'이 아니었다. 열정과 자부심이 어느 순간부터 사라지고, 그 자리를 무관심과 나태함이 대신한 것처럼 보였다. 가게의 매출도 좋지 않았다. 열악한 상황 속에서 점주도 의욕을 잃어가고 있었다.

'어떻게 이런 일이 있을 수가 있나.'

눈으로 보고도 믿지 않았다. 참담한 심정이었다. 하지만 현실을 외면하지 않고 해결책을 찾아야 했다. 나는 바로 전국의 지사장들을 구미로 불러 매장을 함께 보았다. 그들도 느끼기를 바랐다.

"이게 바로 우리의 현주소입니다."

내가 직접 열었던 1호점은 아니었지만 초기 매장이 망가지고 있는 광경을 직접 눈으로 보니 공들여 쌓아온 지난 과거가 와르르 무너지는 듯했다. 돌아오는 차 안에서 나도 모르게 눈물이 흘렀다. 말로 표현할 수 없는 만감이 교차하는 순간이었다.

"3개월 안에 바꾸지 않으면 우리는 모두 죽는다."

반드시 이 상황을 바꾸겠다고 마음먹었다. 구미의 오래된 매장은 내가 그동안 돌아보지 않았던 교촌의 현실이고, 일면이었다. 점주가 잘못해서 그런 상태가 된 것이라는 생각은 들지 않았다. 겉으로 화려하게 보였을 뿐, 안주하는 사이 속으로는 먼지가 풀풀 쌓인 구미 매장처럼 낡아가고 있었을지도 몰랐다. 추락하지 않으려면 절치부심의 마음으로 새로운 대안을 마련하는 수밖에 없었다.

"3개월 안에
바꾸지 못하면 다 망한다"

그날 밤, 잠을 이루지 못했다. 이대로 두면 3개월 안에 다 망한다는 한 가지 생각만이 머릿속에

계속 맴돌았다. 시간이 없었다. 전면적인 쇄신이 필요했다. 다음 날 바로 긴급회의를 소집했다. 문제는 분명했다. 오래된 시스템과 관리 부족, 그리고 변화에 대한 무감각. 그래서 나는 결심했다. 기존 시스템을 전면적으로 갈아엎기로. 목표는 단 하나, 3개월 안에 전 매장을 혁신한다는 것이었다. 단 하루도 미룰 수 없었다. 즉각적으로 행동에 들어갔다.

우선 매장의 표준을 다시 세우는 일에 돌입했다. 단순히 매장을 리모델링하는 데 그치지 않고, 고객들이 매장에 들어섰을 때 첫인상부터 완전히 달라질 수 있도록 계획했다. 깔끔하고 현대적인 인테리어, 효율적인 조리 공간, 무엇보다 깨끗하고 쾌적한 환경이 우선이었다. 비용이 어마어마하게 들겠지만, 나는 결코 뒤로 물러서지 않았다. 손실을 감수하더라도 쇄신하지 않으면 그 손실보다 훨씬 큰 대가를 치르게 될 것이 분명했기 때문이다.

모든 매장이 일정한 수준의 청결을 유지하고 서비스를 제공할 수 있도록 구체적인 기준을 만들고, 그 기준에 맞지 않는 매장은 즉시 개선하도록 지시했다. 새벽부터 밤까지 매장을 직접 돌아다니며 하나하나 점검했다. 작은 문제라도 놓치지 않았다. 벽의 색이 바랜 부분, 주방에 쌓인 오래된 물품들, 비효율적인 동선까지 꼼꼼히 체크하며 하나하나 바로잡아 나갔다.

매장마다 손님과 직원 간의 교류, 주문 과정, 조리 시간을 철저히 분석하고, 어떻게 하면 더 빠르고 효율적으로 운영할 수 있을지 고민했다. 메뉴판부터 배달 과정까지 변화는 즉각적이어야 했고, 더 이상 구식 방법으로는 살아남을 수 없었다.

직원들의 마인드를 바꾸는 일에도 정성을 들였다. 내가 느꼈던 충격은 단지 환경의 문제만이 아니었다. 직원들이 더 이상 자부심을 느끼지 않는다는 것이 문제였다. 나는 직접 현장에 나가 점주들과 대화하기 시작했다. 그들에게 내가 왜 이 일을 시작했고, 우리가 왜 고객에게 최고의 경험을 제공해야 하는지에 대해 진심을 담아 설명했다. 우리는 단순히 치킨을 파는 것이 아니라, 손님들에게 만족과 신뢰를 주는 일을 하고 있다는 걸 다시 상기시켰다.

절박한 심정으로 움직였지만 쉽지는 않았다. 변화에 대한 저항도 있었고, 예산도 빠듯했다. 일부 직원들은 이런 대대적인 변화가 필요하냐며 의문을 제기하기도 했다. 매일 새로운 문제가 터져 나왔고, 한 가지 문제를 해결하면 또 다른 문제가 나타났다.

하지만 나는 단호했다. 다행스럽게도 노력한 보람이 나타나기 시작했다. 매출은 눈에 띄게 회복되기 시작했고, 직원들도 새로운 시스템에 적응해가며 활기를 되찾았다. 이때의 절박한 노력이 없었다면 지금의 교촌은 없었을 것이다. 변화는 고통스럽지만, 멈추지 않으면 그 끝에 성공이 기다리고 있다. 안주하는 순간 사업은 끝난다. 계속해서 개선하고 혁신하지 않으면 성공의 정점을 찍었더라도 한순간에 무너질 수 있다.

이런 노력 끝에 2012년부터 교촌은 급성장을 이루었다. 2014년에는 매출액 2000억 원을 돌파하며 치킨 업계 단일브랜드 매출액 기준, 업계 1위로 우뚝 서게 된 것이다. 위기 속에서 만든 기회였다.

3

상식을 믿지 않는다

"내가 이룬 성공은 실패가 모여서 된 것입니다.

실패는 마이너스 개념입니다.

마이너스와 마이너스가 만나서 더해지면

마이너스가 되지만, 곱해지면 플러스가 되죠.

실패에서 아무것도 배우지 못하면

그건 마이너스에 불과합니다.

그러나 한 가지라도 배우면 곱하기가 됩니다."

광고는 돈으로만
하는 것이 아니다

114에

매일 전화를 걸다

마흔이 넘어 시작한 치킨집은 기대와 달리 장사가 안됐다. 그냥 안되는 정도가 아니라 '이러다 망하는 게 아닐까?' 싶을 만큼 안되었다. 하루에 한 마리를 못 파는 날도 수두룩했다. 가게에 종일 나와 있어도 하루에 한두 마리 팔리는 게 고작이었다. 가장 반가운 건 전화벨 소리였다. 하루 종일 그 소리만 기다렸다.

손님을 기다리다 지친 오후 시간, 어쩌다 전화벨이 울

리면 반가워서 한걸음에 쫓아갔다.

"네! 교촌통닭입니다! 아, 네…네."

전화를 받을 때의 목소리는 크고 높았지만 이내 힘없이 작아졌다. 잘못 걸린 전화였다. 기다림의 시간이 길었던 만큼 실망도 컸다. 애가 탈 수밖에 없었다. 그런데 이런 일을 몇 번이나 반복하고 나니까 문득 이런 생각이 들었다.

"다른 손님들이 치킨집 전화를 물으면 바로바로 우리 집 번호를 알려주게 할 방법이 없을까?"

목이 빠지게 전화벨 소리만 기다릴 게 아니라 내가 할 수 있는 일을 적극적으로 해보자는 생각이 들었다. 어떤 상황에서든 내가 할 수 있는 일이 있고, 때로는 아주 작은 일이 돌파구가 될 때도 있다. 백 번을 시도해서 한 번이 된다면 한 번도 안 해서 0에 머물러 있는 것보다는 훨씬 더 나을 터였다.

이날부터 114에 전화를 걸기 시작했다. 하루에 적어도 30번은 넘게 걸었다. 지금은 검색을 하면 어지간한 곳의 전화번호를 다 찾을 수 있지만, 그때는 궁금한 곳이 있을 때 114에 전화를 하면 상담원분들이 전화번호를 알려주었다. 예를 들어 "여보세요? 교촌통닭 전화번호가 몇 번이지요?" 하고 물으면 번호를 말해주는 식이었다. 나중에는 "교촌…"이라고 말을 끝내기도 전에 바로 대답해 주었다. 몇 번만 받아도 같은 목소리라는 것을 알았을 테니, 한 사람이 매번 같은 곳을 물어본다는 것을 금세 눈치챘을 것이다.

'아이, 이거 같은 놈이네. 또 전화했네.'

속으로 욕도 좀 하지 않았을까. 그래도 뻔뻔하게 그냥 했다. 다른 방법이 없었기 때문이다. 통닭집 번호를 묻는 사람들에게 한 번이라도 교촌통닭의 번호가 전해지면 좋겠다는 간절한 마음이었다. 아침에 가게에 출근하면 114에 전화를 거는 일부터 하루를 시작했다. 밤낮으로 전화를 걸어댄 보람이 있었는지, 도대체 교촌통닭 맛이 어떤지 상담원들도 궁금했나 보다.

"114 구미점인데요, 치킨 두 마리만 갖다주세요."

하루가 멀도록 뻔질나게 전화를 걸었던 114 구미점에서, 이날은 거꾸로 전화를 걸어온 것이다. 나는 부리나케 주방으로 들어가 치킨을 튀겼다. 오후 세 시, 하루 중 가장 더운 시각이었지만 뜨거운 주방 안에 울리는 기름 끓는 소리가 긴 장마 끝에 내리는 우렁찬 빗소리처럼 반갑기만 했다.

그날의 기쁨은 거기서 그치지 않았다. 직장에서 교촌통닭을 맛본 114 직원들 몇몇이 퇴근길에 가게에 들러 치킨을 더 포장해간 것이다. 정성과 노력으로 이룬 쾌거였다.

오히려 돈이 없어서
더 크게 성공한 광고

궁하면 통한다고 했다. 하루에 수십 번씩 114에 전화를 했던 일은 절박한 심정으로 가게를 알리려고 했던 마음에서 나온 행동이었다. 정성껏 잘 만들어도 팔리지 않으면 소용이 없다. 장사를 하든 사업을 하든 일단은 '이런 게 여기에 있다', '참 맛있다', '제대로 잘 만들었다'라는 사실을 알려야 한다. 그런데 광고를 하고 싶어도 돈이 없어서 못 하겠다고도 한다. 돈이 있으면 더 다양한 방법을 생각할 수 있어서 좋지만, 돈이 없다고 아무것도 하지 못하는 것일까?

광고는 결국 아이디어다. 내가 만든 것을 어떻게 해서

든 알려야겠다고 마음만 먹으면 방법은 생각나기 마련이다. 나는 지금도 광고를 중요하게 생각한다. 광고에 투자하지 않으면 사업은 망한다고 믿는다.

그렇다면 돈이 없어서 광고를 하지 못할 경우, 이런 답답한 상황을 어떻게 바꿀 수 있을까? 우선, 제약이 있는 상황을 창의성을 발휘할 기회로 보는 시각이 필요하다. 광고라는 개념에 대해서도 다르게 생각하면 보이지 않던 부분이 보인다. 내가 생각하는 광고는, 단지 많은 돈을 주면서 "내가 만든 것을 멋지게 포장해서 되도록 널리 알려주십시오"라고 남에게 맡기는 일이 아니다. 자원이 부족한 상황에서라도 창의적인 방법을 찾는다면 얼마든지 알릴 수 있다고 생각하기 때문이다.

내가 114에 열심히 전화를 걸었던 것은 광고를 할 만한 돈이 없어서였다. 돈이 없다는 건 분명 불리한 제약이었다. 그러나 그런 상황이 오히려 새로운 아이디어와 전략을 고민하도록 만들었다.

제약이 있으면 더 창의적으로 되고, 기존의 틀에서도 벗어나게 된다. 스포츠 선수들이 엄격한 규칙 안에서 경기를 하지만 매 순간 새로운 모습을 보여주지 않는가? 규칙을 깨버리고 싶을 때도 있을 것이다. 하지만 규칙이 바뀌기 전까지 그 선을 벗어나면 바로 탈락이다. 그 안에서 최대한 자신의 역량을 발휘하려고 노력하다 보니 기술도 늘고 예술성도 높아졌을 것이다. 그리고 그런 과정을 수도 없이 반복하며 경쟁자들과 차별화하는 방법을 찾았을 것이다.

나는 광고도 일종의 소통이라고 생각한다. 광고가 단순히 돈을 들여 매체에 노출하는 것이라는 고정관념에서 벗어나야 한다. 사람들과 진심으로 소통하는 것도 하나의 강력한 광고다. 개인적 관계, 진솔한 이야기, 유용한 정보를 제공하는 일은 모두 고객에게 다가가는 방법이다. 114에 하루에 수십 번씩 전화해서 교촌통닭 전화번호를 물어보는 사람을 미친놈이라고 생각했을 수도 있다. 하지만 동시에 궁금함을 불러일으키지 않았을까?

호기심 때문이든 귀찮아서든 한 번은 주문을 해서 먹어볼 수 있었을 것이다. 그런데 맛이 없었다면 어땠을까? 퇴근 무렵 가게에 와서 재주문을 하지는 않았을 것이다. 돈이 없는 것은 본질적인 문제가 아니다. 돈이 없다고 할 일을 안 하는 게 더 큰 문제다. 돈이 없을수록 가치를 주는 것에 더 집중해야 한다.

실제로 그 이후로 주문 전화가 많이 늘었다. 사람들은 가치 있는 것을 공유하고 싶어 한다. 좋은 아이디어나 제품, 서비스가 있으면 그것이 자연스럽게 광고 역할을 하는 것이다.

광고비가 없다면 당장 크게 광고하는 대신, 아주 작은 성공, 모래알처럼 작은 성공이라도 하나씩 만들어가는 게 중요하다. 단 한 명의 고객이라도 감동시킬 수 있다면, 그 사람이 다른 사람을 데려온다. 작은 단위의 성취를 차곡차곡 쌓아나가는 것이 가장 현실적이고 지속 가능한 방법이다.

남들이 16강을 말할 때
우리는 4강을 응원한다

2002년 가족과 해외여행을 간 적이 있었다. 동물원에 갔는데 여러 마리의 곰들이 먹이를 달라고 손을 뻗고 있었다. 그때 내 눈에 유독 눈에 띄는 곰 한 마리가 있었다. 다른 곰들은 사람들을 향해 손만 뻗고 있는데 이 녀석은 손을 좌우로 흔들고 있는 게 아닌가. 사람들의 이목이 그 곰에게만 집중되었다. 먹이를 가장 많이 얻은 것도 당연한 일이었다.

'곰도 먹고살려고 저렇게 다른 동작을 하는구나.'

이런 게 차별화가 아니라면 무엇이 차별화겠는가. 남들이 하는 대로 따라 하는 게 아니라 자신만의 방법으로 더 많은 먹이를 얻고 있는 곰에게 크게 한 수 배운 날이었다. 여행에서 돌아온 후에도 곰의 모습이 아른거렸다.

마침 전 세계가 월드컵으로 들끓던 시기였다. 우리 선수들이 경기마다 혼신을 다해 뛰는 모습에 국내의 분위기도 후끈 달아올랐다. 축구 경기가 있는 날이면 배달 전화에 불이 났다. 16강 진출을 앞두고 수많은 기업이 "대한민국 16강 진출을 기원합니다!"라는 문구를 광고로 내걸고자 했다. 내부 회의에서도 비슷한 안건이 올라왔다. 그러나 나는 내키지 않았다. 남들과 똑같이 천편일률적으로 광고를 만든다면 효과가 있을지 의문이었기 때문이다. 문구도 숫자도 분위기도 비슷한 16강 기원 광고의 홍수 속에서 교촌을 기억하는 사람은 아무도 없을 터였다.

골똘히 고민하던 순간, 손을 좌우로 흔들던 곰이 생각

났다. 수십 마리가 무리 지어 서 있던 곳에서도 단연코 눈에 띄게 했던 곰의 작전을 따르자고 결심했다. 나는 남과 다른 카피를 만들었다.

"교촌은 대한민국 4강 진출을 기원합니다."

이 문구는 사내에서 즉각적인 반대에 부딪혔다. 아무리 기세가 좋다고 한들 우리나라 축구가 월드컵에서 4강에 진출한 전례는 없었다는 것이 반대의 이유였다. 사실 월드컵은 예선부터 본선까지 매 게임이 죽음의 경기였다. 16강 진출도 불투명한 상황에서 8강도 아니고 무려 4강이라니. 말이 안 된다고 생각했을 것이다. 16강 진출마저 실패하면 망신도 이런 망신이 없다고 두려워하는 듯했다.

하지만 나는 거꾸로 생각했다.

"4강으로 갑시다. 남들도 다 똑같이 16강과 8강을 외칩니다. 이럴 때 우리가 4강을 외친다면 훨씬 더 강력하게 기억되지 않겠습니까?"

"그러다 실패하면 웃음거리가 되지 않을까요?"

"그래도 얻는 게 더 클 겁니다."

진심으로 이렇게 생각했다. 설령 실패한다고 해도 잃을 것보다 얻을 것이 더 크다고 믿었다. 우리 선수들이 4강

상식을 믿지 않는다 **151**

에 진출할 수 있도록 있는 힘껏 응원하자는 데 대한민국의 어느 국민이 욕을 하겠는가.

그렇게 4강 진출을 응원한다는 광고를 시작했다. 말이 씨가 된다고 했던가. 놀랍게도 2002년 월드컵에서 우리 선수들은 극적으로 4강에 진출했다. 우승 후보로 꼽히던 유럽의 강호 이탈리아를 꺾고 8강에 진출하더니 스페인의 무적함대를 무찌르고 4강에 진출하는 기염을 토했다. 정말 역사적인 사건이었다. 덕분에 교촌도 인지도가 껑충 뛰며 스타덤에 올랐다. 우리나라 태극전사들의 월드컵 4강 진출은 20여 년이 훨씬 더 지난 지금도 감동으로 남아 있다. 태극전사들과 함께 나 또한 승리를 맛보았던 순간이었다.

고객은
숫자가 아니다

때로는 10보다

2가 더 크다

　　　　　　　사람은 감정적 존재다. 우리가 무언가를 구매할 때 순수하게 기능만 따지는 일은 의외로 드물다. 그래서 나는 고객이 치킨 한 마리를 시켜도 좋은 기분으로 먹기를 바란다. 사람들은 단순히 가격이나 효율성만을 보고 지갑을 열지 않는다. 가게에서 느낀 경험, 감정, 서비스에 따라 치킨집을 다시 찾기도 한다. 이런 원리를 모르면 손님을 그냥 숫자로만 보게 된다. 손님의 머릿수보다 더 중요한 것이 있다는 것을 놓치고 마는 것이다.

가맹점 1000개는 꿈도 못 꾸던 초창기, 114 구미 지점 상담원분들 덕분에 조금씩 입소문이 나기 시작했다. 어느 날 저녁 여섯 시쯤 두 명의 손님이 가게로 들어왔다. 퇴근 길 치맥을 위해 들른 것 같았다. 옷차림을 보니 근처에 있던 금성사 직원이었다. 반갑게 주문을 받고 평소처럼 닭을 튀기러 주방으로 들어갔다. 그런데 얼마 지나지 않아 문가에서 웅성웅성하는 소리가 들렸다. 무슨 일인가 싶어 나가보니 또 다른 손님이 여러 명 들어와 있었다. 큰 목소리로 반갑게 인사부터 했다.

"어서 오세요!"

"열 명인데 자리 있어요?"

열 명이라는 말을 듣고도 실감이 나지 않았다. 이렇게 많은 단체 손님은 처음이었기 때문이다. 게다가 근처 백화점에서 일하는 직원인 듯했다. 우리 집 통닭을 먹고 맛있다고 입소문을 내주면 그보다 더 좋은 일이 있을까. 들뜬 마음으로 서둘러 자리를 마련하려고 보니 문제가 생겼다. 홀에는 4인용 테이블이 세 개 있었는데, 먼저 온 손님들이 테이블 하나에 자리를 잡고 있었기에 남은 테이블은 두 개였다. 사람은 열 명인데 앉을 수 있는 자리는 여덟 개밖에 없었다.

'먼저 온 손님들에게 양해를 구하고 의자 두 개를 가져오면 되지 않을까?'

입소문이 조금씩 나고 있다고는 해도 닭 한 마리, 손님 한 명이 아쉽던 때였다. 열 명이면 최소 다섯 마리 이상은 팔 수 있었다. 치킨 외에도 추가로 다른 메뉴나 술을 더 시킬 수도 있었다. 순간적으로 그날의 매상이 머리를 스치고 지나갔다. 그런데 입에선 전혀 다른 소리가 나왔다.

"죄송합니다. 먼저 온 손님들이 계시네요. 자리가 부족해서 그러니 다음에 꼭 다시 들러주세요. 진짜 맛있는 통닭으로 준비해 드릴게요. 일부러 여기까지 와주셨는데, 오늘은 정말 죄송합니다."

자리가 없다는 말에 그들도 당황한 것 같았다. 바로 나가지 않고 남은 테이블을 바라보며 자기들끼리 대화를 나누었다.

"어떡하지?"

"여기 맛있다고 해서 일부러 왔는데, 아쉽다."

"자리가 없잖아… 할 수 없지."

"그래. 다음에 오자."

아쉬운 마음이야 그들보다 내가 더 컸다. 하루 종일 손님이 없던 날이었기에 최고의 매출을 올릴 절호의 기회였다. 닭도 신선했고, 마침 기름도 깨끗한 새것으로 바꾼 후였다.

그러나 의자를 옮겨 억지로 열 명의 자리를 만들었다면 먼저 와 있던 손님들도, 새로 들어온 손님들도 조금은 거북한 마음을 품게 되었을 것이다. 내 욕심으로 손님들을 불편하게 하면서까지 장사를 하고 싶지는 않았다. 또 가게가 크고 넓으면야 상관없지만 우리 가게는 옆자리에서 하는 이야기는 물론 웃음소리, 숨소리까지 다 들릴 만큼 좁았다. 편안하게 먹으면서 대화를 나누기가 어려웠다.

"아이고, 정말 죄송합니다. 다음에 꼭 들러주세요."

등을 돌려서 나가는 손님들을 향해 몇 번이나 허리를 굽히며 절을 했다. 누군가는 이런 나의 선택을 두고 바보 같다고 했을 것이다. 장사도 안되는 가게에서 매출을 올릴 기회를 스스로 놓쳐버리는 것은 사장으로 할 행동이 아니라고도 했을 것이다. 하지만 새 기름을 쓰는 것보다, 당장 오늘 하루 매출을 올리는 것보다, 우리 집을 찾아온 손님이 조금이라도 마음 편하게 내가 만든 치킨을 드시고 가기를 바라는 마음이 더 컸다. 이것이 나의 진심이었다.

한 사람에게 정성을 다하면
10배, 20배로 돌아온다

단체 손님이 될 뻔했던 열 분을 정중하게 보내드린 후 바로 테이블로 갔다. 먼저 온 게 죄도 아닌데, 괜스레 눈치를 볼까 염려되었기 때문이다. 맘 편하게 치맥이나 하자고 들른 가게에서 본인들 잘못도 아닌 일로 마음이 불편해진다면, 그것이야말로 크게 잘못된 일이었다.

"주문하신 통닭 금방 해드리겠습니다. 조금만 기다려주세요."

"아이고, 사장님. 어떡하나요? 저희 때문에 괜히 손님 놓치셨어요. 저희가 먼저 일어났어야 했는데 눈치가 없었네요."

"아닙니다. 진짜 괜찮습니다. 불편해하지 마시고 편하게 드시고 가세요."

"이거 정말… 그래도 되는지…."

괜찮다고 몇 번을 말씀드렸다. 물론 아주 조금의 미련도 없었다면 거짓말일 것이다. 하지만 단체 손님을 받는 날이 또 올 것이라고 믿었다. 다시 찾아온다면 그때 정성을 다해 잘해드리자고 다짐했다. 주문받은 치킨을 드리러 가는데 나를 바라보는 두 분의 표정이 좀 전과 달랐다. 낯선 장소에서 뜻밖의 대접을 받았을 때 느끼는 감동이 얼굴에 고스란히 드러나 있었다. 나도 모르게 마음이 뿌듯해졌다. 이 상황에서 할 수 있는 작은 일을 한 것뿐인데, 그분들에게 더 큰 마음을 선물로 받은 것 같았다.

'잘했다. 정말 잘했다.'

일하는 내내 저절로 미소가 지어졌다. 이분들이 계산을 마치고 갈 땐 즐거운 농담마저 주고받았다. 열 명을 보내고 두 명의 손님을 편하게 모신 것. 오늘 내가 한 일 중에서 가장 잘한 일이라는 생각이 들었다.

결과적으로 이 일은 엄청나게 큰일로 번졌다. 생각하지도 못하게 어마어마한 보상으로 돌아온 것이다. 그때 가게에 왔던 두 분 중 한 명이 금성사 구미공장의 경비팀장님이었다. 이분 덕분에 금성사 기숙사에서 주문이 들어오기 시작했다. 기숙사에 "교촌통닭 맛있더라"라는 소문이 퍼진 것이다. 소문은 빠르게 확산되었다.

"교촌통닭이죠? 금성사 기숙사인데요…."

쉴 새 없이 전화벨이 울렸다. 얼마나 간절하게 바라던 소리였던가. 하루에 한 통 울릴까 말까 했던 전화벨이 열 통 스무 통씩 울렸다. 거의 매일 기숙사로 배달을 나갔다. 비슷한 시각에 배달 봉투 대여섯 개를 들고 나가는 일도 있었다. 배달을 나갔다 돌아오기 무섭게 또 배달을 나가는 일에도 익숙해졌다. 거의 모든 기숙사 방에서 우리 통닭을 먹었을 것이다. 저녁으로, 야식으로, 간식으로 통닭만 한 것도 없다. 한번 먹어본 사람이 또 맛있다고 소문을 내주었다.

장사가 안될 때는 기운을 내려고 해도 영 힘이 안 나더니, 장사가 잘되니 허리가 펴지고 배에 두둑하게 힘이 들어갔다. 아침이면 저절로 눈이 번쩍 떠졌다. 1분 1초라도 빨리 가게에 나가고 싶었다. 사는 게 신이 났다. 장사를 시작하고 처음 느껴보는 신명이었다.

배달을 나갈 때는 잊지 않고 전단지를 챙겨 갔다. 한 명의 고객이 두 명이 되고, 두 명이 네 명이 되고, 네 명이 여덟 명이 되었다. 어느새 단골이 생기고 적극적으로 교촌통닭을 홍보해 주는 사람들까지 생겼다. 정도를 지키며 장사하면 언젠가 반드시 보상받는다는 것을 알게 되었다. 한 사람에게 정성을 다하면 열 배 스무 배로 돌아온다는 것을 말이다.

덕을 갖춘 자는
외롭지 않다

손님을 우선으로 생각하는 원칙을 지키는 것은 1년마다 피는 꽃을 뒤로하고 10년 이상 키워야 하는 나무를 선택하는 일이다. 시간이 걸리지만 정성껏 물을 주고 가꾸면 단단하게 뿌리를 내리는 나무처럼, 정직하게 쌓아 올린 사업은 쉽게 흔들리지 않으며 오래도록 번성할 수 있는 힘을 가지게 된다.

『논어』에 '덕은 외롭지 않고 반드시 이웃이 있다(德不孤 必有鄰)'라는 구절이 있다. 덕을 갖추고 정도를 걸어가는 이는 외롭지 않으며 반드시 그 진정성을 알아주는 사람이 있다는 뜻이다. 장사를 하면서 정도를 지킬 때마다 남들

눈에는 느리고 더딘 것처럼 보였을지 모르지만, 나는 눈앞의 이익을 좇기보다 손님들의 마음을 소중히 여기고 지켜주는 것이 더 큰 신뢰를 쌓는 길이라고 생각했다. 이러한 신뢰는 단순히 판매나 거래를 넘어, 고객과 깊은 관계를 형성하게 하고, 시장에서 흔들리지 않는 자리를 만들어내는 밑거름이 되었다.

장사는 결국 사람과 사람의 만남이다. 진실한 마음과 정직한 태도는 시간이 걸리더라도 반드시 사람들의 마음에 닿기 마련이다. 이 말은 단지 도덕적 충고가 아니라 실제로 적용되는 경제적 원리다. 정도를 지키는 장사는 세월을 버티고, 그 안에서 더욱 단단해지기 때문이다.

두 걸음 걸어야 할 때
한 걸음만 걸으면 후퇴한다

처음 난 흑자,
모조리 광고비로 쓰다

교촌통닭을 시작하고 나서 쫄쫄 굶다가 2년이 지난 후에야 장사가 되기 시작했다. 계산을 해보니 50만 원이 남았다. 창업 후 처음으로 50만 원의 흑자가 생긴 것이다. 적자와 흑자는 한 글자 차이지만 '님'과 '남'만큼이나 다른 말이다. 남들에겐 푼돈일 수도 있지만 나에게는 거금이었다. 정말로 '피, 땀, 눈물'로 만든 50만 원이었다.

남은 빚을 갚을까, 저축을 할까, 아내와 딸아이의 옷을 사줄까, 생각만으로도 기분이 좋았다. 머릿속에 빙글빙글 도는 생각 중에서 한 가지를 고르거나, 세 가지를 전부 다 할 수도 있었지만 나는 전혀 다른 선택을 했다. 수익금 50만 원 전부를 지역에서 발행하는 신문광고에 쓴 것이다.

　흑자가 났다고 해서 당장 형편이 나아진 것은 아니었다. 빚도 여전히 남아 있었고, 살림살이는 고단했다. 50만 원이면 몇 달은 걱정 없이 생활할 수 있었다. 아내와 딸의 얼굴이 아른거렸다. 그러나 눈을 질끈 감았다. 여기서 만족하는 것은 시기상조라는 생각이 들어서였다.

　당시엔 텔레비전 광고와 더불어 신문광고가 압도적인 효과를 내던 시대였다. 50만 원을 몽땅 들고 일주일에 두 번 발행하는 지역 신문사에 찾아갔다. 가로세로 5센티미터 하는 정사각형 작은 광고 지면의 가격이 딱 50만 원이었다. 가게 이름과 주소와 전화번호만 넣어도 꽉 찰 정도로 작았다. 앉은자리에서 바로 광고 계약을 했다.

　'아내에게 잔소리를 잔뜩 듣겠구나'

　각오를 단단히 하고 집으로 돌아갔는데 아내는 내 이

야기를 듣고도 별다른 말을 하지 않았다. 고생 끝에 처음으로 생긴 돈인데 집에 가져오기는커녕 말도 없이 광고비로 다 써버렸으니 얼마나 속상했겠는가. 내색은 안 했어도 크게 서운했을 것이 분명했다. 다만 내가 얼마나 가게를 키우고 싶어 하는지 이해하고 있었기에 너그럽게 받아주었을 것이다. 무뚝뚝한 성미에 "고맙다"라는 말 한마디를 하지 못했다. 무슨 일이 있을 때마다 나를 크게 품어주는 아내를 생각해서라도 더 열심히 일하자고 굳게 마음먹었다.

그날부터 신문이 나오는 날만 목이 빠지게 기다렸다. 신문이 나오자마자 부리나케 광고부터 찾아보았다. 작은 지면이었지만 '교촌통닭'이라는 네 글자가 또렷하게 보였다. 가슴이 벅차올랐다. 신문을 두 손으로 꽉 부여잡고 몇 번이고 확인해 보았다. 직접 번 돈으로 신문사에 찾아가서 처음으로 실은 광고였다. 가진 돈을 몽땅 털었던 만큼 효과가 나타나기를 간절하게 바랐다.

다행스럽게도 광고 효과가 바로 나타나기 시작했다. 주문 전화가 늘고 매장으로 찾아오는 사람들도 많아졌다. "광고 보고 찾아왔다"라는 손님들도 있었다. 예전과는 비교할 수 없을 정도로 바빠졌다. 다음 달엔 수입이 두 배로 껑충 뛰었다. 그 돈을 다 들고 신문사에 또 찾아갔다. 이번에는 가로세로 10센티미터, 100만 원짜리 지면을 샀다. 광고비가 두 배로 든 만큼, 지면의 크기도 딱 그만큼 늘었다. 매출도 두 배 이상 늘었다. 광고의 효과를 무섭도록 실감한 경험이었다.

길 건너에 있던 치킨집은 장사를 하고 남은 수익금을 모두 저축했다. 하지만 나는 그 수익금을 모두 광고비에 썼다. 결과적으로 동네에 열 개 남짓했던 치킨집 중에서 나중엔 우리 가게만 살아남았다. 돈을 벌어서 모으기만 하지 않고, 가게를 알리는 데 적극적으로 활용한 것이 성공의 큰 이유였을 것이다.

경영에서는 돈을 다르게 보는 관점이 필요하다. 단순히 축적해야 할 대상으로 보지 않고 살아 움직이는 에너지로 이해해야 한다. 돈이라는 에너지가 활발히 순환할 때, 사업은 비로소 성장하고 새로운 기회를 만날 수 있다. 마치 물이 고이면 썩듯, 돈도 가만히 멈춰 있으면 가치가 퇴색하고 일을 해나갈 때 오히려 방해되기도 한다.

돈을 모으는 데만 집중하면 경영은 보수적으로 변하기

마련이다. 시장 변화에 대한 반응도 둔해지기 쉽다. 반면 돈을 에너지로 여겨 회사의 성장과 혁신에 투자하면, 그 돈은 다양한 방식으로 돌아와 회사에 활력을 불어넣는다. 직원 교육, 기술 개발, 사회 공헌 활동 등에 돈을 사용함으로써 재무적 수익을 넘어서 지속 가능한 성장을 추구할 수 있는 것이다. 혈액순환이 잘되어야 우리 몸이 건강한 것처럼, 돈이 활발히 흐를 때 비로소 경영은 생명력을 지닌다.

광고는
자신감의 다른 이름이다

저축 한 푼 하지 않고 수익금을 전부 광고에 쓰다니, 무모한 투자라고 생각할지도 모른다. 하지만 내게는 중요한 도전이었다. 단순히 번 돈을 어디에 쓸 것인가 하는 문제를 넘어, 내가 하는 일에 신념을 품고 방향성을 확실히 내린 결정이었기 때문이다.

작은 이익에 만족할 것인가, 더 큰 성장을 위해 투자할 것인가. 나는 두 가지 길 중에서 과감하게 투자하는 길을 선택했다. 흑자를 달성했다는 것에 자신감을 얻었기에 이 제는 더 많은 사람에게 가게를 알리기 위해 돈을 쓴 것이다. 돈을 아끼는 것도 물론 중요하다. 불필요한 비용을 줄이는 것도 개선이다. 그러나 무조건 아끼기만 해서는 더 큰 기회를 만들지 못한다. 신문광고를 통해 잠재 고객에게 다가가겠다는 목표는 장기적인 성공을 위한 전략적 포석이었다.

수익금을 모두 광고에 투자하는 일은 결코 쉬운 결정이 아니었다. 자칫 잘못하면 50만 원이 아무런 성과 없이 사라질 수도 있었다. 하지만 도전하지 않으면 결코 성장할 수 없다고 생각했다. 경험하지 않으면 그 무엇도 배울 수 없다고 믿었다. 만약 힘들게 번 돈을 광고비로 썼는데 아무 성과가 없었다면, 그 방법이 잘못됐다는 것을 깨달았으니 다른 방법을 고민했을 것이다.

신문광고를 한 것은 '나는 내 가게에 자신이 있다'라는 메시지기도 했다. 자신이 없었다면 광고도 하지 못했을 것이다. 작은 수익을 손안에 움켜쥠으로써 단기적 이익에 안주할 것인지, 손을 펼침으로써 장기적 이익을 도모할 것인지에 대한 갈등은 사업을 하는 내내 따라오는 일이다. 단기적인 수익을 취하는 일은 때로 도움이 되지만 때로는 해가 된다. 그러나 장기적인 성장의 발판을 마련하는 일은 언제나 도움이 된다.

이때의 결정은 두고두고 곱씹어 봐도 잘했다고 생각한다. 만약 단돈 50만 원을 아끼려고 신문광고를 하지 않았다면 백 배, 천 배 이상의 수익을 놓쳤을 것이기 때문이다. 가게를 이미 알고 있던 손님이 찾아왔을 때 정성껏 대접하는 일은 한 걸음 나아가는 일이다. 광고를 통해 내 가게를 알리고 모르던 사람들까지 찾아오게 만드는 일은 두 걸음 나아가는 일이다. 두 걸음 갈 수 있다면 기꺼이 두 걸음을 가야 한다. 두 걸음을 갈 수 있을 때 한 걸음만 간다면 갖고 있던 도전 의식마저 사라져서 점점 퇴보할 수밖에 없다.

포장은
침묵의 판매자다

판매는
포장에서 시작된다

　　　　　　　맛 좋은 치킨을 만든다는 자부심이 있었지만, 맛있는 치킨은 세상에 많았다. 맛이 좋은 것은 기본이고 플러스알파가 항상 더 있어야 한다고 생각했다. '배달할 때 어떻게 하면 조금이라도 따뜻하게 전달할 수 있을까', '포장을 해서 가져가시는 분들이 어떻게 하면 조금이라도 더 편하게 가져가게 할 수 있을까', '서비스로 주는 치킨 무를 어떻게 하면 조금이라도 더 쉽게 담을 수 있을까' 등 생각하면 생각할수록 개선할 점도 많았다.

치킨 무만 해도 그렇다. 지금은 플라스틱 용기 안에 넣어주는 것이 당연한 시스템으로 정착되었지만, 예전에는 비닐봉지에 넣어서 입구를 동여매거나 실로 묶어서 줬다. 그러면 비닐봉지를 풀어서 따로 접시에 담아 먹거나 국물이 새지 않도록 조심스럽게 집어 먹어야 했다. 집에서야 가위로 윗부분을 싹둑 자른 후 그릇에 잘 담으면 되지만 사무실이나 야외에선 마땅히 담을 데가 없었다. 무가 든 봉지를 풀다가 국물을 쏟는 일도 많았다. 자칫 잘못해서 옷에 흘리기라도 하면 온종일 냄새가 가시지 않았다.

이런 불편한 점을 해결하고 싶어서 고민을 많이 했다. 시장에 가서 몇 군데를 돌아보니까 무를 담을 수 있는 네모난 PVC 용기가 눈에 띄었다. 단가를 물어보니 54원이라고 했다. 이익을 남기려면 하던 대로 하는 게 낫지만 먹는 사람 입장에서 생각하면 깔끔한 게 나았다. 이것도 투자라고 생각했다. 뚜껑 위에 교촌통닭 라벨까지 붙이면 광고도 할 수 있었다. 결과적으로 반응은 아주 좋았다. 같은 치킨 무지만 좀 더 고급스럽게 보이는 효과까지 생겼다.

쇼핑백도 마찬가지였다. 당시 치킨을 담는 포장은 '포장'이라고 하기에도 민망할 정도로 질이 낮은 비닐봉지였다. 이제 막 튀긴 뜨거운 치킨을 비닐봉지에 담으면 냄새가 새어 나오는 것은 둘째치고라도 비닐 안에서 수증기가 생겨서 바삭함이 사라졌다. 시간이 지날수록 눅눅하게 되는 데다 비닐에 담긴 무는 미지근해지기 일쑤였다.

배달을 갈 때마다 이런 점이 마음에 걸렸다. 조금 멀리서 배달 주문이 들어오면 신경이 더 쓰였다. 매장에서 먹는 것처럼 바삭하고 맛있는 치킨을 드릴 수 없었으니까 말이다. 무의 포장 용기를 바꿨던 것처럼 이 문제도 바꾸고 싶었다.

포장에 신경을 쓴 이유는 고객이 가장 먼저 대하는 부분이기 때문이었다. 교촌치킨을 처음 대하는 분들이 치킨을 먹기 전에 포장을 통해 좋은 인상을 받기를 원했다.

쇼핑백을 만드는 공장을 수소문해서 무작정 찾아갔다. 태어나서 그렇게 많은 쇼핑백은 처음 보았다. 쇼핑백이라고 다 같은 쇼핑백이 아니었다. 눈이 휘둥그레질 정도로 많은 종류가 있었다. 모양도 크기도 두께도 색깔도 디자인도 제각각 달랐다. 치킨을 담기에 적합한 크기와 두께의 쇼핑백을 적어도 수백 개는 봤을 것이다.

그러다 드디어 마음에 드는 물건을 찾았다. 원가가 개당 130원 정도였다. 치킨 무의 포장 용기에 비하면 두 배가 넘는 가격이었다. 재료 값에 포장 값까지 생각하면 원가에 대한 부담이 제법 있었지만 과감하게 바꾸기로 결정을 내렸다. 이 또한 반응이 정말 좋았다. 특히 주부들에게 반응이 뜨거웠는데 들고 가기 편한 종이 쇼핑백이어서 그랬을지도 모르겠다. 또 그냥 손에 척 들고 있어도 모양이 빠지지 않았다.

2000년대 초반부터 안에 코팅이 되어 있는 기존의 박스를 쓰지 않고, 천연 펄프로 만든 포장 박스를 도입했다. 메뉴 안내문, 인쇄 하나라도 디자인을 세련되게 하려고 노력했다. 맛의 고급화에 이어 포장과 외형의 고급화를 시도한 것이다. 이런 변화는 단순히 배달의 편리성을 넘어 브랜드의 이미지를 강화하고 제품의 품질을 보장하는 중요한 요소로 작용했다. 실제로 소비자들 사이에서도 신뢰를 얻으며 교촌치킨의 고유한 브랜드 아이덴티티를 확립하는 데 큰 역할을 했다. 다른 치킨 브랜드와 차별화된 것은 물론, 배달 수요도 하루가 다르게 급증했다.

포장 박스를 도입하기 전 본사 매출액을 살펴보면, 1998년 50억 원, 1999년 약 100억 원이었다가 2000년 약 300억, 2001년 약 600억 원, 2022년 약 1000억 원에 도달했다. 포장 박스 도입 이후 매출 성장이 매우 빠른 속도로 이루어진 것이다.

지금은 다른 업체에서도 우리처럼 하고 있다. 치킨 무를 담는 용기도, 쇼핑백도 천연 펄프 박스도 교촌이 모두 선도해서 치킨 업계의 품격을 한 단계 높였으니, 이때 한 일은 두고두고 잘했다고 생각한다.

침묵 속에서 일하는
최전선의 판매자

우리가 물건을 사러 갔을 때를 한번 생각해 보자. 어떤 물건을 손에 들고 살펴볼 때 겉모습에 먼저 눈길을 준다. 패키지의 디자인, 색상, 질감, 그리고 세심하게 배치된 문구들이 그 안에 담긴 물건의 가치를 말해주는 것 같다. 마트 진열대 앞에서 수많은 상품을 마주할 때, 그 물건들은 전부 각자의 이야기를 들려주는 듯하다. 어떤 상품은 세련된 디자인으로, 어떤 상품은 따뜻한 느낌의 색상으로 말을 건다.

포장은 입을 열어 말하지 않는다. 하지만 끊임없이 소비자와 소통한다. 어떤 포장은 '고급스러움'을, 어떤 포장은 '친근함'을, 또 어떤 포장은 '실용성'을 속삭인다. 마치 사람이 옷차림을 통해 자신의 스타일과 성격을 나타내듯이, 제품도 포장을 통해 그 정체성을 드러낸다. 명확한 메시지를 전달한다는 점에서 포장은 침묵 속에서 일하는 판매자인 셈이다.

예를 들어 고급스러운 상자에 담긴 초콜릿을 보면 맛도 고급스러울 것이라고 추측한다. 반면 값싼 포장에 담긴 초콜릿에 대한 기대감은 상대적으로 낮을 것이다. 그러나 단순히 보여주는 외적인 면만 중요하다고 여기지는 않는다. 포장의 진정한 힘은 실제 제품과 소비자 사이의 감정적인 연결을 만들어내는 점이다.

가게에서 갓 튀겨낸 따뜻한 치킨을 정갈하고 깨끗하게 담아 정성스럽게 건넬 때, 그 포장에는 물리적인 보호 이상의 기대와 배려, 정성이 담겨 있다. 포장에 돈을 들여가며 신경을 쓴 이유는 치킨을 구매한 후에도, 포장이 경험의 일부로 남는다고 믿기 때문이다. 포장을 열고 치킨과 무를 꺼내는 그 순간, 기분이 좋을 수도 있고 나쁠 수도 있다. 더 특별하게 만들 수도 있지만 반대로 매력을 떨어뜨릴 수도 있는 것이다. 정성이 전혀 느껴지지 않는 검은 비닐봉지에 담겼다는 이유로 정성껏 만든 치킨이 맛없게 느껴진다면 큰일이지 않은가.

나는 포장을 바꾼 덕분에 치킨을 더 많이 팔 수 있었다고 생각한다. 장점을 잘 살린 포장은 '이 집 치킨은 틀림없이 맛있을 거야'라는 약속과 같다. 포장에 대한 생각은 처음부터 일관되게 해온 것 중의 하나다. 현재는 친환경 포장재를 만드는 데 힘을 쏟고 있다. 끊임없이 연구하고 개발해서 직접 생산까지 하려고 한다. 원가를 줄이는 문제가 남아 있는데 2025년 상반기부터 생산될 것이다. 우리 제품들이 나오기 시작하면 또 한 번 시장의 판도가 달라지지 않을까.

05

목표의 끝을
정해두지 않는다

김천 거리를 활보하는

프라이드 부대

창업 3년 차에 들어서던 1993년, 구미 지역에서 교촌통닭은 가장 유명한 맛집이 되었다. 어떻게 하면 한 마리를 팔 수 있을까로 전전긍긍하던 때는 옛이야기였다. 하루 평균 100마리가 넘는 치킨이 팔려나갔기 때문이다. 좋은 천연 재료로 만든 간장치킨이라는 혁신이 교촌통닭을 구미시의 일등 치킨으로 만든 공신이었다.

하루 평균 100마리는 그야말로 꿈의 숫자였다. 주말에는 두 배 가까이 팔렸다. 아내와 둘이 감당하기 힘든 수준에 이른 것이다. 텅 빈 가게를 바라보면서 손님으로 가득 차길 바라고, 배달 전화에서 불이 나길 바라고, 밥 먹을 틈도 없이 뛰어다니길 바랐던, 그 간절했던 꿈이 고스란히 현실이 된 것이다.

치킨의 품질을 유지하면서 장사를 더 확장하려면 직원을 뽑아야 했다. 함께 일할 식구들을 모집하고 배달을 다니면서 누가 만들어도 똑같은 맛이 날 수 있도록 표준 매뉴얼을 개발하는 데 힘을 쏟았다. 내가 만들 때만 더 맛있고, 직원이 만들면 덜 맛있으면 안 된다고 생각했다. 프랜차이즈를 할 생각이 없었는데도 자연스럽게 그런 생각이 들었던 것 같다. 전국구 치킨이 될 것이라는 생각도 하지 못했다. 다만 구미에서 잘나가는 데서 그치지 않고 경상북도 1위 치킨이 되면 좋겠다고 막연히 생각했다.

그렇게 1994년 6월 2호점을 경상북도 김천에 열었다. 1991년 교촌통닭 창업 후 3년 3개월 만의 일이었다. 누군가 3년 전의 나에게 "교촌통닭은 크게 성공합니다. 2호점까지 생깁니다"라고 말했다면 무슨 미친 소리냐고 했

을 것이다. 과거에는 상상도 하지 못한 일이었지만 이제
는 현실이 되었다. 밤낮을 잊고 연구하고 개발해서 맛을
끌어올린 결과였다.

직원들이 만들어도 똑같은 맛을 내야 한다는 생각으로
만든 표준 매뉴얼이 빛을 발하기 시작했다. 2호점의 맛도
본점의 맛과 같아야 한다는 원칙을 세우고, 매일 지원 사
격을 나갔다. 2호점은 김천의 소문난 맛집으로 빠르게 자
리를 잡았다. 소문을 듣고 한 사람 또 한 사람 가맹점을
내고 싶다고 찾아오는 사람들이 늘었다. 하나같이 교촌통
닭만이 희망이라는 말을 했다.

2호점의 성공으로 자신감이 생겼다. 3호점, 4호점, 5호
점, 6호점까지 파죽지세로 가맹점을 열었다. 신바람이 무
엇인지 온몸으로 느끼던 시기였다. 교촌통닭에는 다른 업
체와 달리 우리만의 지원 방식이 있었다. 새로 가맹점을
열면 다른 가맹점의 프라이드 차량이 총출동해서 줄지
어 시내를 다니며 홍보를 하는 것이었다. 일종의 교촌통
닭 퍼레이드였다. 시식 행사도 열정적으로 했다. 수많은
사람이 몰려들었다. 나를 비롯해 모든 가맹점의 점주들이
한마음 한뜻으로 새로운 가맹점을 응원하고 지지했다. 너

나없이 두 팔 걷어붙이고 도울 만큼 우리 모두 같은 식구라는 인식이 강했던 것이다.

같이 잘살아야 한다는 생각으로 서로를 도우니 가맹점을 홍보할 때도, 가게 경영 전략을 세울 때도 두렵지가 않았다. 당시 점주들은 내가 챙겨야 하는 대상이기도 했지만, 동시에 내게 힘이 되어주는 든든한 버팀목이기도 했다.

여기서 멈출 것인가,
끝까지 가볼 것인가

교촌통닭을 6호점까지 열고 나자 내 가게에만 매달려 있을 수가 없었다. 여기에서 멈출 것인지, 본격적으로 프랜차이즈 확장에 나갈 것인지 다시 한 번 선택해야 하는 순간이 왔다. 돈을 벌기 위해서라면 더 이상 나서지 않았을 것이다. 가게 수입만으로도 우리 식구와 직원들의 생활은 충분히 감당할 수 있었다. 그러나 가맹점이 늘어나면서 일관된 맛을 지키기 위해서라도 원재료의 공급이나 공동 홍보 등 할 일들이 많았다. 이 모든 일은 창업자인 내가 리더가 되어 이끌지 않으면 할 수 없는 일이었다. 그러나 가게 하나를 운영하는 것과 회사를 운영하는 것은 완전히 다른 차원의 일이었다.

'내가 과연 잘할 수 있을까?'

맛있는 통닭을 만들어서 파는 일이라고 단순하게 생각하면 자신감이 생겼다. 그러나 회계나 경영 등 다른 부분을 생각하면 두려움이 몰려왔다. 자신감과 두려움이 시소라도 타듯이 오르락내리락했지만 결국 나는 도전하는 쪽에 승부를 던졌다. 평생 후회할지도 모를 일이었지만 내 가슴에서 뛰는 심장박동은 "더 큰 일을 해보자"라고 말하고 있었다.

몇 달을 고민하고 생각했다. 마흔에 창업을 해서 지옥 같은 2년의 시간을 버티고 난 후 기적처럼 성공의 맛을 보았다. 40대 중반. 누군가에겐 새로운 일을 시작하기에 너무 많은 나이였지만, 누군가에겐 도전할 수 있을 만큼 충분히 젊은 나이였다. 나는 도전을 선택했다. 인생에서 할 일을 다했다고 보기엔 너무 젊은 나이, 하지 못한 일보다 할 수 있는 일이 더 많은 나이라는 생각이 들었다.

"그래, 어디 한번 가는 데까지 가보자."

사업이라는 것을 한번 해보자는 생각이 들었다. 적어도

6호점까지 성공시킨 경험이 있지 않은가. 서두르지 말고 차근차근 실행하면서 부족한 것은 배우고, 잘못한 것은 고치면서 해나가면 된다고 스스로를 다독였다. 창업을 또한 번 하는 기분이 들었다. 처음엔 내 가족을 먹여 살리기 위해 연 치킨집이었지만, 이제는 더 많은 가족을 책임져야 하는 때가 왔다. 내가 잘해야 그들이 살 수 있었다. 무거운 책임감이 어깨를 눌렀지만, 더 묵직한 마음으로 새로운 한 발을 떼었다.

앉아서 판다

　　　　　사람들이 교촌치킨은 좀 비싸다고 한다. 가성비를 생각하며 더 싼 것을 찾는 마음을 이해하지 못하는 것은 아니다. 하지만 싸다고 무조건 좋은 것은 아니고, 비싸다고 가성비가 나쁜 것만도 아니다. 가만히 생각해 보면, 사람들이 무조건 물건값을 깎기만 하진 않는다. 비싸다거나 싸다고 생각하는 것도 어떤 관점에서 보느냐에 따라 개념이 달라진다.

대개 무언가를 팔려고 하면 하나라도 더 달라고 하거나, 비싸니 깎아달라고 한다. 그런데 비싼 명품은 어떤가? 그들이 팔러 다니던가? 좋은 장소에 앉아서 찾아오는 손님을 맞이한다. 게다가 사람들은 명품을 살 때는 깎아달라고 하지도 않는다. 오히려 부르는 대로 꼼짝없이 산다. 파는 사람이 오히려 큰소리를 친다.

이런 경우를 보면서 나는 저품질의 낮은 가격으로는 경쟁이 안 된다고 여겼다. 포장에 공을 들였던 것도 고급화 전략의 일환이었다. 나는 무조건 고객이 찾아오는 서비스를 해야 한다고 생각했다.

프랜차이즈 사업을 하면서도 가맹점을 나서서 구한 적은 없었다. 하도 장사가 잘되니 특별한 홍보를 하지 않아도 소문을 듣고 알음알음 찾아온 사람들이 한 명 두 명 늘어서 자연스럽게 가맹점을 내게 된 것이다. 가맹점이 20개 정도 되었을 무렵, 상담을 가면 매번 나오는 이야기가 비싸다는 말이었다. 당시 10평 기준에 가맹점 개설 비용으로 1700만 원을 받았는데 모 치킨은 1000만 원이었다. 그러니 비싸다는 말이 나오는 것이었다.

"여긴 뭐가 그렇게 대단해서 이렇게 비쌉니까?"

먼저 가맹점을 하고 싶다고 연락이 와서 찾아간 건데 설명을 듣고 난 뒤 오히려 화를 내니 기운이 빠질 수밖에 없었다. 애초에도 가맹점을 따로 모집한 적이 없었지만, 이때 이후로 '가맹점 모집'이라는 단어 자체를 일절 쓰지 않았다. 대신 교촌치킨의 인지도와 신뢰성을 높이기 위해 밤낮으로 노력했다.

교촌 가맹점 개설 비용이 높은 것은 사실이었다. 하지만 나에게 10평 기준 1700만 원은 최소 비용으로 여겨졌다. 부부가 전업으로 달려들어 생계비를 충분히 벌 수 있을 만큼 매장을 완벽하게 만들려면 1700만 원이 마지노선이라고 생각했다. 품질을 생각하지 않고 대충 만든다면 1000만 원으로도 얼마든지 가능했다. 그러나 싼 맛에 가게를 열면 점포 운영을 부업 정도로 여기기 쉽다. 언젠가 문을 닫더라도 '1000만 원 정도만 날리면 그만이지'라는 생각을 하기 때문이다.

하지만 비싼 개설 비용을 지불한 경우라면 그런 생각을 하기 어려울 터였다. 이를 악물고 장사에 매진해서 최대한 매출을 내기 위해 노력할 것이었다. 구색만 갖춘 허접한 매장이 아니라 생계를 꾸려나가기에 충분한 인프라를 갖춘 매장을 만드는 데 들이는 1700만 원은 점주와 고객을 연결하는 최소한의 가치사슬이었다.

그렇기에 일단 가맹점을 계약하면 조금의 후회도 남지 않도록 최선을 다했다. 우선, 매장 인테리어를 고급스러운 분위기를 내도록 하였다. 주방 설비도 최신식을 고집했다. 가맹점주와 직원들에게 체계적인 교육 프로그램을 제공하여 서비스 품질을 유지할 수 있도록 했다. 가맹점의 영업권을 보호하기 위해 인구수 1만 7000~2만 3000명당 한 곳만 출점하는 원칙을 고수했다. 이런 요인들로 가맹점의 수익성은 높아졌지만 초기 비용에 영향을 미칠 수밖에 없었다.

특히 중요하게 여긴 점은 가맹점의 상권 보호였다. 오늘날 공정거래위원회가 제시한 기준이 있기 전부터 가맹점 상권 보호를 위해 일정 간격을 유지하는 것을 물론이고, 불필요한 리모델링도 하지 않았다. 원재료의 가격을 높게 책정하는 일은 생각하지도 않았다. 높은 수준을 유지하면서 상도를 지키면 결과는 저절로 따라온다고 믿었기 때문이다.

1994년 2호점을 시작으로 2003년 1000호점을 돌파

했다. 그리고 한동안 가맹점 수를 늘리지 않았다. 한창 인기가 높았을 때라 400여 명이 계약하기를 원했다. 하지만 돈을 아무리 많이 싸 들고 와도 정중하게 사양했다. 돈으로 따지면 80억 원 이상을 포기한 셈이다. 눈앞의 이익만 생각했다면 400명이 오든 4000명이 오든 무조건 받았을 것이다.

하지만 그럴 수가 없었다. 눈앞의 80억 원보다 더 소중한 게 있었기 때문이다. 나와 함께하고 있던 1000명의 점주들이었다. 그들의 권리를 보호하고, 상권을 지켜주고, 영업을 활성화해서 돈을 벌게 해주는 게 내가 돈을 더 버는 일보다 훨씬 더 중요했다. 그리고 이 생각은 지금도 마찬가지다.

사업은
기다리는 것이다

사업의 본질은 단순하다. 소비자는 품질이 뛰어난 상품을 원하고, 좋은 상품에는 그 자체로 고객을 불러 모으는 힘이 있다. 우리는 점점 선택의 폭이 넓어지고, 정보에 접근하기 쉬운 세상에 살고 있다. 자신이 원하는 품질의 상품을 찾기 위해 능동적으로 행동한다. 내가 제공하는 상품이 뛰어나면 고객은 저절로 찾아온다. 광고는 아주 중요하지만 나쁜 상품을 좋게 포장하는 광고는 독과 같다. 일시적으로 끌어당길지 몰라도 결코 오래 가지 못한다.

내가 먼저 준비가 되면 사람들은 저절로 찾아온다고 믿는다. 그래서 사업은 기다림의 미학이기도 하다. 품질 높은 상품과 서비스를 준비하고 이를 제공할 수 있는 기반을 다지면 고객은 자연스럽게 다가온다. 나는 치킨 한 마리를 튀겨도 '팔기 위해 만드는 것'이 아니라 '최고의 치킨을 알리기 위한 것'으로 생각한다. 좋은 상품은 스스로 이야기한다. 과도한 광고를 하지 않더라도 자연스러운 입소문이 발생하고, 고객의 경험이 긍정적이면 그들은 친구와 가족에게 추천한다.

치킨 사업의 세계는 지금도 끊임없는 경쟁으로 가득차 있다. 수많은 브랜드가 자신의 치킨을 홍보하며 고객의 시선을 끌기 위해 안간힘을 쓴다. 하지만 진정한 성공은 겉으로 보이는 화려함에 있는 것이 아니다. 최고의 맛이야말로 성공의 핵심이기 때문이다. 차별적인 맛이 가진 고유한 가치는 다른 어떤 것과도 비교할 수 없는 자산이다. 나는 '내가 만든 제품에 자신이 있다면 그 품질이 저절로 사람들을 끌어들일 것'이라는 신념을 가지고 있다. 물론 피드백을 듣는 과정도 중요하다. 맛있다는 것은 주관적인 생각일 수 있다. 고객이 실제로 어떻게 느끼는지 파악하고, 적극적으로 반영해야 한다.

물건은 앉아서 팔 만큼 훌륭하게 만들되 사업가는 결코 안주하지 않아야 한다. "앉아서 팔아라"라는 말은 아무 노력도 하지 않거나 단순히 수동적으로 대기하라는 뜻이 아니다. 품질을 끊임없이 개선하고 혁신하는 능동적인 자세를 갖추라는 의미다. 제품의 품질이 뛰어나고, 고객의 목소리를 귀 기울여 듣는다면 자연스럽게 고객의 신뢰를 얻게 된다. 한번 쌓인 신뢰는 사업의 중요한 자산이 된다. 그렇게 후회 없이 모든 것을 쏟아부은 뒤 묵묵히 기다리는 것, 나는 이것이 사업의 전부라고 생각한다.

실패가 모이면
성공이 된다

15년을 앞서간 실패

내가 하는 일마다 성공했다고 말하는 사람들이 있다. 그러나 결코 그런 적이 없다. 돌아보면 나는 성공의 드라마보다 실패의 드라마를 더 많이 썼다. 마흔이 넘은 나이에 굴다리 옆 작은 가게를 얻어 교촌통닭을 시작하기 전까지 수도 없이 많은 실패를 경험했다. 20대 내내 가난에 온몸을 푹 담그고 살았다고 해도 과언이 아니다. 교촌통닭이 교촌에프앤비가 되기까지도 얼마나 많은 실패를 거듭했는지 모른다. 그럼에도 내가 성공할 수 있었던 것은 도중에 그만두지 않았기 때문이다.

크게 보면 성공도 실패도 다 경험이다. 성공도 해보고 실패도 해봐야 앞으로 나아갈 수 있다. 어떤 사람들은 실패가 두려워 도전하지 않는다고 하는데, 실패하지 않고 성공한 사람은 단 한 명도 없다. 실패는 성공을 위한 과정이기도 하다. 크게 실패한 사람일수록 크게 성공한다고 하지 않던가. 나 또한 크고 작은 실패를 많이 맛보았다.

2009년 대구에 김밥집을 연 적이 있었다. 김밥을 만들어서 팔아보자고 생각했던 건 햄버거 때문이었다. 햄버거가 인기가 높은 이유는 고기, 빵, 채소 등 다양한 재료로 만들어지고, 소스의 진한 맛이 식욕을 돋우는 데다 간단히 한 끼 식사를 하기에도 간편하기 때문일 터였다. 하지만 건강에 좋지 않은 음식으로 알려져 있기도 했다. 햄버거 대신 먹을 만한 게 없을까 생각하던 중에 김밥이 떠올랐다.

김밥은 건강한 재료로 만드는 데다가 맛도 좋다. 남녀노소를 불문하고 호불호를 타지 않는 음식이다. 소풍 때마다 어머니가 만들어주던 추억이 담긴 음식이기도 했다. 제대로 된 재료로 잘 만들면 햄버거 대신 먹을 수 있는 음식으로 충분히 승산이 있을 듯했다.

멋스러운 건물까지 새로 짓고 김밥 전문점을 열었다. 국내산 고급 재료를 아낌없이 넣은 것은 물론 포장도 근사하게 했다. 김밥뿐 아니라 커피도 팔았다. 일반 카페처럼 드라이브 스루도 할 수 있도록 시스템을 만들었다.

결과는 망했다. 김밥 한 줄에 7000원으로 책정했는데, 당시 물가에 비하면 지나치게 비싼 가격이었다. 지금이야 고급 김밥집도 많아졌지만, 그때만 해도 김밥은 '싼 맛'에 먹는 음식이었다. 너무 앞서간 것이다. 조금 늦게 했다면 성공했을지도 모른다.

이렇게 시작했다가 접은 사업이 참 많다. 한번은 닭가슴살로 샐러드를 만든 적도 있었다. 날개와 다리가 잘 팔리니까 가슴살이 남았다. 이것으로 무엇을 할지 고민하다가 닭가슴살에 이것저것 채소를 넣어서 도시락처럼 팔아보자는 생각이 들었다. 역시 결과는 실패로 돌아갔다. 사람들이 치킨은 먹어도 닭가슴살 샐러드는 그리 좋아하지 않았다. 지금은 운동하는 사람들을 비롯해 많은 이들이 찾아 먹을 정도로 닭가슴살 샐러드가 굉장히 흔해졌지만, 그때만 해도 수요가 거의 없었다.

고급 김밥도 닭가슴살 샐러드도 당시엔 혁신이라고 생각했다. 혁신이 뭐냐고 물으면 사람마다 다른 대답을 내놓을 것이다. 나는 혁신을 앞서가는 일이라고 생각한다. 앞서가면 반드시 겪게 되는 일이 있다. 바로 반대에 부딪히는 일이다. 반대가 전혀 없으면 혁신이라고 할 수 없다. 그런데 너무 앞서가면 실수하게 된다. 딱 한 발자국만 앞서가는 게 좋다. 김밥도 샐러드도 너무 몰입하는 바람에 두 발자국 앞서고 말았다. 너무 일찍 시작하는 바람에 실패하고 만 것이다.

그런데 완전히 무의미한 실패였느냐 하면 그렇게 생각하진 않는다. 사업을 할 때는 '때'가 중요하다는 것을 배웠으니 말이다. 농담처럼 하는 말이긴 하지만 실패를 해도 시대를 앞서나갔다고 생각하면 조금은 위안이 된다.

실패라는 데이터를
어떻게 활용할 것인가

내가 이룬 성공은 실패가 모여서 된 것이다. 실패는 마이너스 개념이다. 마이너스와 마이너스가 만나서 더해지면 마이너스가 되지만, 곱해지면 플러스가 된다. 실패에서 아무것도 배우지 못하면 그건 마이너스에 불과하다. 그러나 한 가지라도 배우면 곱하기가 된다. 이런 게 쌓이고 쌓여 경험이 되고, 노하우가 된다.

실패가 모이면 성공이 된다는 개념은 매우 중요한 배움이다. 우리는 종종 새로운 아이디어나 프로젝트를 시도할 때, 기대한 대로 결과가 나오지 않거나 예상치 못한 문제에 부딪힌다. 그러나 실패를 단순한 패배로 보지 않고, 그 속에서 배울 수 있는 기회로 보는 시각이 중요하다. 실패는 일종의 데이터와 같다. 실패를 단순한 좌절이 아니라 중요한 피드백으로 보면 많은 정보를 얻을 수 있다. 각각의 실패는 새로운 정보를 제공하며, 사업이 왜 작동하지 않았는지, 어떤 부분에서 문제가 있었는지 분석할 수 있는 기회를 준다. 예를 들어 오래전 실내포장마차나 트럭에서 과일과 채소를 팔았을 때 신선 제품은 재료의 신선도 유지가 중요하다는 사실을 배웠던 것처럼 말이다.

실패를 통해 얻는 또 다른 이점은 꾸준히 개선할 수 있다는 것이다. 실패를 통해 문제점을 인식하고 개선할 기회를 얻음으로써 점진적으로 더 나은 제품이나 서비스를 만들어낼 수 있다. 실제로 나도 수많은 실패 끝에 최종적으로 시장에서 인정받은 경우였다.

실패가 실패로 끝나면 좌절이 남는다. 그러나 극복하고 재도전하는 과정에서 강력한 회복력을 키울 수 있다. 특히 창업 초기에는 실패가 잦을 수밖에 없다. 실패하는 것도 과정이라는 사실을 알아야 한다. 실패는 생각하지도 못했던 새로운 혁신을 촉발하기도 한다. 실패한 방법에서 새로운 접근 방식을 개발하거나, 이전에 생각하지 못했던 창의적인 해결책을 찾기도 했다. 교촌의 효자 상품인 골드윙도 남아도는 부분육 문제를 해결하려고 하다가 나온 아이디어였다. 실패는 피하거나 두려워해야 할 대상이 아니다. 배울 자세만 있다면 오히려 귀중한 학습의 기회로 삼을 수 있다.

맛없는 치킨을 튀기며
깨달은 것들

내가 사업을 해오는 동안 한 가지 배운 점이 있다면, 실패는 사업가에게 필연적인 동반자라는 점이다. 치밀한 계획, 시장 분석, 완벽한 제품 등 이 모든 것이 맞물려 돌아갈 것이라는 기대는 매 순간 부서졌다. 현실은 기대와 다르게 나를 맞이하는 경우가 더 많았다. 그래서 나는 처음부터 성공을 거두리라는 생각은 하지 않았다. 다만 어떤 일에서 실패를 하면, '이것은 여기를 잘못해서 그랬구나', '이걸 미처 생각하지 못했구나'라고 깨우치려고 노력했다. 그런 점에서 실패는 가야 할 곳과 가지 말아야 할 곳을 알려주는 나침반과 같았다.

치킨 맛을 찾아가는 과정도 그랬다. 교촌통닭을 열고 첫 번째 닭튀김을 해서 한 입 먹어보았다.

'망했다.'

솔직한 심정이었다. 닭은 너무 튀겨져서 딱딱했고 튀김옷도 균일하게 입혀지지 않고 너덜너덜했다. 손님들이 내가 만든 치킨에 고개를 갸웃거릴 때마다 '아직 이 맛이 아니구나!', '맛있는 치킨을 만드는 데 실패했구나!'라는 생각이 들었다. 맛없는 치킨을 판다는 소리를 들을 때는 비참한 마음이 들었다. 이대로 치킨집을 계속해도 될지 의심마저 들었다. 그러나 이런 일이 있었기 때문에 더 나은 치킨을 만드는 데 전력을 기울일 수 있었다. 기름의 온도는 몇 도에 맞추고, 튀김옷은 어떤 두께로 하고, 한 번을 튀길지 두 번을 튀길지, 양념 소스에 들어갈 간은 어떻게 맞출지 등 연구를 거듭했다.

우리는 종종 실패를 '길을 잃은' 상태로 인식한다. 하지만 실패는 길을 잃은 것이 아니라 진짜 길을 찾아가는 과정이다. 만약 적당한 맛에 적당히 맞장구치는 고객을 보고 내가 만든 치킨이 맛있다고 착각했다면 이후의 수많은 실험을 안 했을지도 모를 일이다. 나중에야 알게 된 사실이지만, 실패는 잘못된 길을 걷고 있다는 신호가 아니라, 더 나은 선택을 할 수 있게 하는 기회였다. 내가 마땅히 배워야 할 방향을 가르쳐주는 값진 교훈이었던 것이다. 나는 실패를 많이 했던 덕분에 더 나은 방법을 찾도록 스스로를 밀어붙일 수 있었다.

성공이 일회성이 아니듯 실패 또한 일회성이 아니다. 살아 있는 동안, 사업을 하는 동안, 계속해서 실패를 맛볼 것이다. 하지만 그만큼 겸손해질 것이고, 그때마다 새로운 것을 배울 것이다.

사업은 배움의 연속이며, 실패는 그 과정에서 가장 값진 스승이다. 실패는 나를 뒤로 물러나게 하는 게 아니라 앞으로 나아가게 만드는 힘이다. 계속해서 도전할 이유를 제공하고, 더 나은 길을 찾도록 이끌어주기 때문이다. 실패는 성공의 반대편이 아니라, 성공을 향한 길 위에 놓인 중요한 발판이다. 실패를 통해 배우고, 실패를 통해 다시 도전하며, 실패를 통해 더 깊은 지혜를 얻는 것. 이것이 내가 실패를 받아들이는 방식이다.

손해를 보더라도
승부를 걸 때는 건다

뉴요커들의 입맛을
사로잡다

몇 번의 위기를 겪으면서도 흔들리지 않는 마음으로, 찬찬히 내실을 다진 후 해외 진출을 모색했다. 국내에서만 경쟁할 게 아니라 더 넓은 시장으로 눈을 돌리고 싶었다.

회의실에서는 끊임없는 논의가 이어졌다. 다수의 임원이 "이미 이렇게 성공해 왔는데 왜 바꿔야 합니까"라고 반발했다. 때를 기다리자, 너무 무모하다, 해외에서 성공한 경험이 없다는 등의 반대 의견도 나왔다. 하지만 나는 기존 방식으로는 더 이상 시장에서 경쟁력을 유지할 수 없다고 여겼다. 해현갱장의 철학이 떠올랐다. 아무리 지금까지 성공적이었다 해도, 현 상태를 고집하는 것은 결국 쇠퇴를 의미한다. 활의 현을 풀어 다시 고쳐 매듯이, 지금까지의 성공을 과감히 내려놓고 새로운 전략을 채택해야 했다. 그 과정은 당연히 쉬운 것이 아니었다. 반대하는 목소리와 갈등 속에서 나는 더욱 신념을 굳혔다.

물론 나 또한 모든 일에는 때가 있다고 생각한다. 밥도 뜸이 들어야 맛있게 익고, 닭도 기름이 적정한 온도일 때 넣어야 바삭하게 튀겨진다. 그러나 때가 있다는 말을 준비될 때까지 마냥 기다리자는 의미로 생각하지는 않는다. 기다리며 시간을 재는 대신 결심하고 행동하는 '현재 이 순간'이야말로 적기일 수 있다. 때를 기다리기보다 스스로 만들어가는 태도가 우리에게 주어진 모든 순간을 나만의 '때'로 바꿀 수 있는 것이다.

일단 시작하고 움직이면서 작은 결과를 만들고 개선하는 일은 내 체질과도 잘 맞았다. "아끼다 똥 된다"라는 말이 있는 것처럼 계산만 하고 어물쩍 머뭇거리다가 아깝게 시간만 낭비할지도 모를 일이었다.

이렇게 생각한 이유는 '맛'과 '서비스'에 자신이 있었기 때문이다. 닭고기는 세계적으로 사람들이 좋아하고 많이 먹는 식재료다. 조리법도 다양하고 소비량도 어마어마하다. 세계를 상대로 또 한 번의 승부를 던져볼 만하다고 생각했다.

2년의 준비 과정을 마치고 2007년 해외 진출을 시도했다. 첫 번째 나라는 미국이었다. 미국 안에서도 어디가 적당할지 고민하다가 뉴욕 맨해튼과 LA로 정했다. 맨해튼은 전 세계 미식가들이 찾는 곳이다. 미슐랭 스타 식당을 비롯해서 세계의 모든 음식이 공존하는 곳이다. 다양한 문화권의 음식을 맛보는 사람들이 우리 치킨을 어떻게 받아들일지 궁금하면서도 설레었다.

흔한 식당으로 만들고 싶지는 않았다. 창업 초기부터 차별화, 고급화를 방침으로 삼고 있는 만큼 넓은 매장, 깔끔한 인테리어, 고급스러운 치킨 박스와 집기 등 어느 것 하나 빠트리지 않고 프리미엄 치킨의 이미지를 구축하는 데 중점을 두었다.

한국인이 찾아오는 한국 치킨집이 아니라 외국인들이

더 많이 찾아오는 뉴욕의 명소를 꿈꾸었다. 많은 매장을 공격적으로 열기보다 한 매장이라도 성공시키는 것을 원칙으로 삼았다. 한국인 영혼의 절반은 치킨으로 되어 있는 게 아닐까 싶을 정도로 우리나라 사람들은 치킨을 사랑한다. 그만큼 맛에 대해서도 까다롭다. 한국인의 입맛을 사로잡았으니, 세계인의 입맛도 사로잡을 수 있다고 믿었다. 단지 치킨을 더 많이 파는 것만이 목표는 아니었다. 오히려 한국의 맛을 전파한다는 자부심이 더 컸다.

뉴욕 맨해튼 32번 가에 문을 연 교촌치킨 매장은 한 명 두 명 찾아온 손님들로 입소문을 타기 시작했다. 친구들끼리 찾아오거나 가족과 함께 와서 즐거운 시간을 보내는 모습도 눈에 띄었다. 무엇보다 기뻤던 것은 아이들이 "치킨 맛있어요!"라고 외치는 소리를 들었던 일이다. 간장소스 등 미국에서 흔히 먹는 치킨과는 색다른 맛으로 승부를 본 것이 적중한 것이다. 요란하고 시끄러운 분위기를 지양하고 친근하되 고급스러운 분위기를 유지한 것도 장점이었다.

이런 노력이 빛을 발했는지 2010년 미국 NBC 방송에서 '뉴욕의 베스트 치킨 윙 3' 중 하나로 소개될 만큼 인기를 끌었다. 오랜 시간 정성을 들여 만들어낸 맛의 깊이가 미국에서도 통한 것이다.

이미 내린 결정을
후회하지 않는다

그러나 맛 하나로 승부를 보겠다는 생각은 현실의 벽 앞에서 가차 없이 깨지고 말았다. 임대료의 가파른 상승을 감당하기가 어려워진 것이다. 높은 인건비도 마찬가지였다. 치킨은 높은 가격대의 음식이 아니다. 매장 회전율로는 한국에서도 이익을 내기 어렵다. 그래서 배달이 중요하다. 그러나 뉴욕은 우리나라처럼 배달 문화가 활발하게 정착되지 않았다. 수익을 맞추려면 값이 싼 재료를 쓰고 불법체류자를 써야 한다는 자조적인 말이 나올 정도였다.

그러나 매장을 철수하는 한이 있어도 꼼수를 부리고 싶지는 않았다. 성공이냐 실패냐 하는 것은 결과론에 해당한다. 물론 사업은 이익을 남기는 것이 성공이지만, 이면에는 또 다른 성공도 존재했다. 교촌의 가치를 지키는 것이었다. 정직하게 만들고 정직하게 파는 것이야말로 진짜 힘이라고 믿었다. 하루가 다르게 적자 폭이 커졌지만, 손해를 보더라도 지금까지 지켜온 가치를 버릴 수는 없었다.

품질을 지키자니 적자가 커지고, 적자를 무릅쓰고 매장을 지속하려니 손해가 막심했다. 결국 LA 매장만 남기고 2017년 뉴욕 매장을 철수했다. 10년 동안 공들인 일이었기에 낙담도 컸다. 하지만 결과를 수용하고 유연하게 받아들이기로 했다. 뉴욕에서 성공하는 게 목표가 아니라 세계에 한국의 치킨을 알리는 게 목표였으니 비싼 수업료를 치른 셈 치자고 생각했다.

뉴욕 매장의 경우처럼, 정성을 들여 노력한 만큼 기대한 결과가 나오지 않을 때도 있다. 최선이 곧 최고는 아닐 것이다. 그렇기에 이런 일을 겪을 때마다 마음가짐을 새롭게 다졌다. 어렵게 결정을 내린 후에도 후회에 사로잡혀 좌절에 빠져 있으면 실패의 경험을 통해 배우지도 못할뿐더러 앞으로 나아갈 추진력도 얻지 못하기 때문이다.

이미 내린 결정에 대해 후회로 시간을 보내기보다 그 결정을 바탕으로 앞으로 어떤 선택과 행동을 할지 집중했다. 결정을 내린 이유와 과정을 되새기면서 당시의 판단

기준과 이유를 기억하는 시간을 통해 현재의 불안이나 후회를 덜 수 있었다. 이 과정을 통해 결정을 단순히 결과로만 평가하지 않고, 내가 한 선택에 대해 확고한 신뢰를 가질 수 있었다. 꼼수를 부리면서 매출을 올리기로 하지 않고, 차라리 문을 닫기로 한 것이 옳은 결정이었다고 생각했다.

'이미 한 선택'을 후회하는 대신, '이 선택으로 인해 무엇을 배울 수 있을까?'라는 생각으로 초점을 옮겨보는 일은 힘든 결정을 내릴 때마다 도움이 되었다. 후회는 과거에 있고, 불안은 미래에 있으며, 나는 오직 지금 이 순간에만 영향력을 행사할 수 있다.

'장사는 되는 곳에서 하는 법이다. 반드시 우리가 잘할 수 있는 곳을 찾을 수 있다.'

이렇게 믿고 뉴욕에서 배운 점을 바탕으로 삼아 해외 진출 사업을 멈추지 않았다. 덕분에 그 이후부터는 상당한 성과를 낼 수 있었다. 말레이시아, 인도네시아, 대만, 중국, 태국, 아랍에미리트 등에서 성공을 이어갔다. 세계 어느 나라에서나 인기가 있는 메뉴는 허니 시리즈였다. '단짠의 정석'이라 불릴 만큼 우리나라에서도 폭발적인 인기를 끌었는데 해외에서도 이 맛이 통한 것이다. 중동이나 말레이시아같은 이슬람 국가에서는 여러 소스에 대해 할랄 인증도 받았다. 해외 진출이 아직 만족할 만한 수준은 아니지만, 새로운 도전을 했다는 점, 앞으로 가능성이 많다는 점에서는 꼭 해야 할 일이었다고 생각한다.

해외 진출 사업은 지금도 현재 진행형으로 이뤄지고 있다. 뉴욕 매장처럼 시행착오를 겪기도 했지만 한국의 치킨을 세계에 알린다는 사명감이 있기에 앞으로도 도전을 멈추지 않을 것이다.

스타벅스 회장이
만나자고 한 이유

뉴욕 매장은 철수했지만, 재미있는 에피소드가 하나 남았다. 스타벅스 하워드 슐츠 회장이 한국에 왔을 때 나를 만나고 싶어 한다는 연락을 받았다. 전혀 인연이 없었던 터라 궁금해서 만남을 청한 이유를 물으니 자기 딸이 맨해튼 교촌 매장에서 치킨을 먹었는데 감탄의 연속이었다고 했다.

"아빠, 이 치킨 진짜 맛이 끝내줘. 이렇게 맛있는 건 처음 먹어봐. 진짜 세상에서 제일 맛있는 치킨이야. 한국에 가면 이걸 만든 분을 꼭 만나고 와줘."

치킨이 얼마나 맛있었으면 이렇게까지 야단법석인가 싶어서 개인적으로도 궁금해졌다고 했다. 한국의 치킨을 그토록 맛있게 먹었다니 나도 감사한 마음이 들었다. 그러나 딸의 이야기에 호기심을 가질 수는 있더라도, 실제로 만난다는 것은 전혀 다른 이야기였다. 우리가 나눌 이야기가 분명히 있을 것이라는 생각이 들었다. 서로가 빠듯한 일정을 소화하고 있었기에 겨우 일정을 맞춰 서울모 호텔에서 만나게 되었다.

긴 시간 대화를 나누지는 못했지만 두 시간 남짓한 짧은 시간 동안에도 우리는 많은 공통점을 찾을 수 있었다. 슐츠는 스타벅스를 단순한 커피숍이 아닌 '경험을 파는 브랜드'로 키운 사람이다. 고객과 맺는 깊은 관계를 통해 가치를 창출하는 태도가 우리와 비슷하다고 생각했다. 특히 스타벅스는 시애틀의 작은 가게에서 시작해 미국 전역으로 매장을 넓힌 후 글로벌 시장으로 확장하는 과정을 거쳤는데 나 또한 비슷한 생각을 하고 있던 터였다. 그는 우리의 경영 방식에 깊은 존경심을 표했다. 특히 한국에서 쌓아온 신뢰와 성공적인 운영에 깊은 관심을 보였다.

슐츠 회장과의 만남은 내게 좋은 자극제가 되었다. 세계적인 기업을 이끈 기업가로서의 면모뿐만 아니라 소탈한 개인의 모습에도 호감을 느꼈다. 비록 치킨과 커피로 주력 종목은 달랐지만 '고객 중심의 경영', '가치를 지키는 정도 경영'에 뜻을 함께하고 있다는 것을 확인할 수 있었다. 교촌도 언젠가는 해외에 수많은 매장을 두고 찾아오는 손님들에게 기쁨과 행복, 만족과 안락함을 주는 곳이 되기를 간절히 바라게 되었다. 그때까지 한눈팔지 않고, 잔꾀 쓰지 않고, 내가 갈 길을 가겠다고 다짐했다.

작년 대비 얼마, 타사 대비 얼마를
말하지 않는다

"앞으로 숫자 얘기는
하지 마세요"

교촌은 처음엔 아주 작은 가게였다. 그러다 가맹점이 생기고 점점 늘어나면서 프랜차이즈 사업이 되었다. 처음에는 이렇게 사업을 할 생각은 없었다. 막막한 상황에서 마지막으로 사활을 걸고 가게를 시작했을 뿐이었다. 궁지에 몰린 상황이었지만 그때도 장사에 눈을 뜨지 못한 채였다. 가게만 열면 장사가 잘될 거라고 믿었으니까 말이다. 이게 얼마나 어이없는 생각인지 지금 생각하면 헛웃음이 나온다.

적자를 보면서도 폐업하지 않았던 이유는 아무것도 가진 게 없어서였다. 폐업하는 것보다 당장 가게 문을 열고 한 마리라도 튀기는 게 살아남는 길이었기 때문이다.

그렇게 30여 년을 열심히 일했다. 회사를 어느 정도 키우고 나니 스스로 한계가 느껴졌다. 내가 시작하고 성장시킨 회사였지만 역량이 부족하다고 생각했다. 전문 경영인에게 회사를 맡기고 일선에서 물러났다. 나보다 더 잘할 사람이 있다고 믿어서였다. 그런데 시간이 지나고 나니 내가 판단을 잘못했다는 것을 알았다. 전문 경영인이 일을 잘하고 못하고의 문제가 아니라 애초에 남의 손에 맡겨서는 안 되는 일이었다.

아무리 유능한 경영인이 와도 내 회사처럼 운영하지는 못한다. 내 인생에 대해 누군가 컨설팅을 해줄 수는 있어도 내 인생은 내가 책임지고 살아야 하는 것과 비슷하다. 내가 해야 할 일이라고 생각하면 앞뒤 재지 않고 무조건 실행하는 성미였기에, 새로운 마음으로 경영 현장에 복귀했다.

복귀하면서 나는 제2의 창업을 한다고 생각했다. 그동

안 잘해온 부분도 있었지만, 흐트러진 부분도 있어서 바로잡아 나가야 할 일들이 많았다. 복귀 후 회의 때마다 이런 보고가 매번 들렸다.

"작년 대비 매출은 얼마입니다. 타사 대비 매출은 얼마입니다."

누구 입에서든 나오는 말이든 한결같이 똑같았다. 오로지 실적을 숫자로 말하는 내용으로 가득했다. 그래서 이렇게 말했다.

"주간 회의 때 전년 대비 얼마, 타사 대비 얼마, 이런 말 쓰지 마세요. 사소한 대비를 해서 뭐가 어떻다는 겁니까. 그걸로 우리가 무엇을 하겠습니까. 우리만의 길을 가야죠. 우리가 지금 어떤 위치에 있는가가 중요하지, 명색이 1등 치킨인데 지금 타사 대비, 작년에 얼마를 팔았는데 올해는 어떻고 이런 게 무슨 소용이겠습니까? 앞으로 숫자 얘기는 하지 마세요."

타사와 실적을 비교하지 않고 오로지 우리가 어제보다 나아졌는지를 평가하자고 했다. 우리가 10억 원을 팔면 만족할까? 20억 원을 팔면 만족할까? 숫자가 조금 더 올라간들 그게 무슨 의미가 있겠는가?

물론 숫자도 중요하다. 현실에서 사업하는 사람이라면 숫자 감각도 있어야 한다. 하지만 숫자만 보면 곤란하다. 우리만의 차별성이라곤 전혀 없는데, 종이 위의 숫자만 보고 지금 사업이 잘되고 있다고 생각하는 건 어마어마한 착각이기 때문이다.

이후 내가 주관하는 주간 회의는 경영지표와 숫자 분석에 치중하는 여느 기업 회의와는 다른 풍경이 되었다. 현재 교촌의 주간 회의는 주제를 미리 정해놓고 관련 부문장이 핵심 내용을 발표한 다음, 주제에 대한 집중 토론을 벌이는 방식으로 진행된다. 자유롭게 토론을 진행하는 중에 검토할 만한 좋은 아이디어가 나오면 함께 내용을 점검하고 수용한다.

"이 방법으로 한번 테스트해 봅시다."

그렇게 교촌의 길이 무엇인지, 우리만의 것이 무엇인지를 주마다 논의하며 방향을 찾아간다.

말하기는 쉽고
행동하기는 어렵다

타사와 비교할 필요도 없지만 혹여 비교라도 하려면 적어도 교촌만의 정체성이 깃든 사업계획이 있어야 한다. 우리만의 길을 가고 있다는 확신이 필요한 것이다. 매출은 업계 1위였다가 3위가 될 수도 있다. 매장 수는 다른 회사보다 적어도 된다. 그런 것은 불안한 요소도 아니고 걱정할 요인도 아니다. 지혜를 모아서 진짜 생각해야 할 것은, 우리가 지금 우리의 길을 가고 있느냐, 제대로 정도를 걷고 있느냐 하는 것이다.

내가 생각하는 교촌의 진짜 가치는 남들과의 비교에서 오는 것이 아니라 스스로 선택한 '진심 경영'과 '정도 경영'에 있다. 진심을 다해 정도를 걸으면 좋은 결과는 저절로 따라오는 법이다. 얕은꾀로 속임수를 부리고 불투명하게 일하면서 혁신이나 훌륭한 결과를 원하는 것은 어불성설이다.

진심과 정도는 흔한 말이라고 생각할 수 있다. 남들도 다들 그렇게 한다고 여길 수 있다. 그러나 이것을 뚝심 있게 행동으로 옮기는 데서 기업의 진짜 가치가 드러난다고 믿는다. 그것은 단기적인 이익에 치우치지 않고 고객과 가맹점주들에게 진정성을 다하는 것이다. 단순히 맛있는 치킨을 파는 것을 넘어 고객과 직원, 가맹점주들과의 신뢰와 상생을 추구하는 것이다. 고객과의 소통에서부터 제품의 품질, 서비스 하나하나에 진심을 담아 고객의 신뢰를 얻는 것이다.

품질과 서비스에서 타협하지 않고, 원재료의 신선함과 제품의 맛을 최우선으로 여기는 것, 맛과 위생 모두를 최상의 기준으로 유지하려고 노력하는 것, 고객이 느끼는 만족이야말로 가장 귀중한 보상이라 여기고, 이를 위해 끊임없이 개선하고 정진하는 자세를 가지는 것, 이것을 위해 전 직원이 헌신하는 것이 그 무엇보다 우선순위가 되어야 한다.

일을 할 때는 아무래도 정량 평가가 앞선다는 것을 나도 모르는 바는 아니다. 그러나 '이렇게만 하면 되지'라고 안주하는 마음은 숫자에서 나온다. 허수가 아니라 실수, 즉 실제 일의 내용을 보지 않으면 실상은 놓치고 그림자만 보는 것과 같다. 남들 하는 대로 따라 해서 매출이 잘 나오면 당장은 기분이 좋을 것이다. 그러나 그런 방식으로는 오래 가기 어렵다. 타사 대비, 전년 대비, 숫자 가지고 하는 고민은 쉬운 고민이다. 우리가 무엇을 하고자 하는지, 지금 우리는 어디로 가고 있는지를 보지 않고 다른 사람의 기준을 따르는 것이다. 쉬운 길로 자꾸 가려고 하지 말고 어렵더라도 정도를 걸어야 한다.

우리만의 것이 없으면
가짜다

지금도 내 머릿속은 '고유성', '차별화'와 같은 말로 가득 차 있다. 어디서 본 듯, 누군가 한 듯, 비슷해서도 안 된다. 우리만의 차별성 있는 전략을 세워서 독보적인 위치에 서는 게 보람 있는 일이다. 타사보다 조금 나은 매출이 나온들 그것이 과연 무슨 의미가 있을지 의문이다.

"우리만의 것이 없다면 가짜입니다. 우리의 것을 고수합시다. 우리의 본질을 지켜나갑시다."

임직원들은 다행스럽게도 내 생각을 이해해 주었다. 누군가 교촌치킨을 '치킨계의 삼성'이다, '치킨계의 에르메스'다, 이런 말을 해주면 나도 기분이 좋다. 그저 듣기 좋은 말에 불과할지도 모르지만, 이런 말을 들을 때마다 더욱 제품의 품질을 높이고 차별화를 만들어가자는 생각이 든다.

"무엇을 만들어도 명품처럼 만들자! 치킨이든 막걸리든 소스든 간에 우리가 만드는 것은 무엇이든 명품으로 만들어보자."

이런 생각을 하는 이유도 가맹점에서 수익을 올릴 수 있도록 하기 위해서다. 그러니 정말로 잘 만들어야 한다. 본사에서 만든 것이라고 무작정 갖다 놓고 억지로 팔게 할 수는 없다. 가맹점에 도움이 되고, 가맹점에 수익이 될 수 있는 진짜배기가 아니면 소용이 없는 일이다.

현재 상당수 가맹점에서 판매하고 있는 수제맥주와 다담덮밥은 물론이고, 향후 은하수 막걸리와 고추장, 된장도 가맹점 수익에 도움이 될 것이다. 계열사에서 만드는 이들 명품은 교촌 가맹점에서만 살 수 있다는 인식을 소비자들에게 심어준다는 게 본사의 전략이다.

자나 깨나 어떻게 하면 가맹점의 매출을 지금보다 더 끌어올릴 수 있을지 고민한 끝에 내린 결정이었지만 내부에서는 반대 의견도 있었다. 프리미엄 한 끼 메뉴인 다담 덮밥의 경우 맛도 뛰어나고 가격도 충분히 경쟁력이 있음에도 새로운 메뉴가 들어올 경우, 따로 교육을 받아야 하는 등 점주들의 부담이 커질 수도 있다는 우려였다. 물론 그 의견에도 일리는 있었다. 그러나 현재의 불편함을 감수하더라도 미래의 추가 매출을 포기할 수는 없었다. 가맹점당 매출이 정점에 이른 상황에서 추가로 매출을 올릴 수 있는 유일한 방안이기 때문이다. 앞으로도 나는 가맹점 매출을 더욱 극대화할 수 있는 방법을 지속적으로 연구할 것이고, 어떤 어려움이 있어도 내가 할 수 있는 노력을 절대 멈추지 않을 것이다.

시장 경쟁은 점점 치열해지고 있다. 우리나라 안에서의 경쟁이 아니라 글로벌 경쟁이라고 생각해야 한다. 국내 기업이라고 국내 환경만 생각하면 어느새 우물 안 개구리가 되고 말 것이다. 내가 차별화를 강조하는 이유도 치열한 시장에서 생존하기 위한 필수조건이기 때문이다.

진정한 차별화를 이루기 위해서는 바닥부터 다르게 보는 접근이 필요하다. 먼저 차별화의 본질을 이해해야 한다. 단순히 경쟁사보다 매출이 더 높거나, 전년보다 판매량이 증가했다고 진정한 차별화가 이루어지는 것은 아니다. 진정한 차별화란, 감동과 변화를 주는 제품과 서비스에서 비롯되고, 기대를 뛰어넘는 경험에서 온다. 안일한 태도로 다른 회사들보다 조금 낫다고 안주하면 그 자리가 곧 낭떠러지가 될 것이다.

타사 대비 또는 전년 대비 매출을 언급하지 않는 이유는 또 있다. 무엇보다 비교 기준이 불확실하기 때문이다. 타사와의 매출 비교는 해당 기업의 산업 내 위치, 시장 상황, 제품군의 차이 등 다양한 변수를 고려해야 한다. 비교가 공정하지 않으면 왜곡된 해석을 초래할 수 있다. 전년 대비 매출 증가나 감소는 특정 사건, 예를 들어 자연재해, 경제 위기, 대규모 프로모션 등으로 인해 왜곡되기도 한다. 계절적 요인에 따라서도 달라진다. 단순한 숫자 비교는 사업을 오히려 위험에 빠트릴지도 모르니 반드시 경계해야 한다.

4

꼼수 부리지 않는다

"인생과 경영도

끝없이 변화하는 경로를 따라가는 여정입니다.

그 여정에서 중요한 것은 속도나 완벽함이 아니라,

균형과 대처 능력,

그리고 끊임없이 나아가고자 하는

강한 의지일 것입니다."

01

혼자서만 잘살려고
하지 않는다

"사장님,
제발 가맹점 좀 내게 해주세요"

1993년 무렵 교촌통닭은 구미에서 가장 유명한 치킨집으로 자리를 잡았다. 맛있다는 평이 알음알음 퍼져나간 것이다. 하루는 어떤 분이 교촌통닭의 유명세를 들었다면서 찾아왔다.

"저는 김천에 삽니다. 회사를 그만두면서 퇴직금을 받았어요. 이 돈으로 창업을 하고 싶은데 제발 가맹점 좀 내주세요."

돈을 짊어지고 와서 제발 가맹점 좀 내게 해달라니, 장사가 지독하게 안되던 시절이 거짓말처럼 여겨지는 일이었다. 여기저기서 들은 소리가 있었기에 프랜차이즈에 대해 아예 문외한은 아니었지만 나는 정중히 거절했다. 아직은 때가 아니라고 생각해서였다.

　"죄송합니다. 지금 제 가게를 운영하는 것만으로도 벅찹니다. 2호점 관리까지는 어려울 듯합니다."

　자신이 없어서 거절한 것은 아니었다. 그보다는 그가 들고 온 돈이 그의 목숨값, 아니 그가 책임지고 있는 온 가족의 목숨값이었기 때문이다. 나 또한 가족의 목숨값을 짊어지고 통닭집을 시작했기에 그 무게감을 여실히 느낄 수 있었다. 가진 돈을 몽땅 털어서 창업을 한다는 것은 수많은 이들의 목숨을 저당 잡히는 것과 같은 일이다. 세상에서 가장 무거운 것이 있다면 누군가의 생명일 것이다. 이런 생명 같은 돈을 가볍게 받을 수는 없었다. 절대로 함부로 결정해서 될 일은 아니라고 생각했다. 내가 어떻게 가게를 마련했는지 과거의 경험이 있어서였는지도 모른다. 만약 잘되면 다행이지만 손해라도 보고 가게를 접어야 한다면 그 책임을 어떻게 할 것인가. 나도 그분도 살면서 두고두고 뼈저린 후회를 할 터였다.

다행스럽게 그분은 내 뜻을 잘 이해하고 돌아가셨다. 이후로 가게 일이 바빠 잊고 지냈는데 1년쯤 뒤에 그분이 또 찾아오셨다. 어쩐 일인가 했더니 안타까운 사연이 있었다. 다른 데 투자했다가 투자금을 홀딱 잃었다고 했다.

"마지막으로 남은 게 이거밖에 없습니다. 이제는 꿈도 희망도 다 사라진 상태입니다. 염치 불고하고 또 찾아왔습니다. 제발 저에게 2호점을 내주세요."

지난번보다 몇 배는 더 간절한 부탁이었다. 나를 바라보는 눈에는 '죽을 각오를 하고 찾아온 사람'의 절박함이 새겨져 있었다. 차마 마주 보기 어려웠지만 외면하기는 더 어려웠다.

그를 보며 아내를 만나 결혼을 했던 서른 살 무렵의 내가 떠올랐다. 3만 원짜리 월세 단칸방에서 신혼 살림을 시작했는데, 겨울에 윗목에 물그릇을 두면 얼음이 얼 정도로 한기가 드는 옛날 한옥이었다. 당시 대구의 월세는 '사글세' 개념이었는데 열 달 치를 미리 내고 다음에 또 열 달 치를 내는 구조였다. 30만 원을 선금으로 내야 했는데 가난한 우리 부부에게는 엄청나게 큰일이었다.

딸이 태어나고 나서도 형편은 전혀 나아지지 않았다. 내가 굶는 것은 괜찮았지만 갓 태어난 딸에게 모유를 먹이지 못하는 아내를 보면 속이 바짝바짝 타곤 했다. 분유 한 통을 겨우 사고 나면 매일 라면으로 끼니를 때워야 했다. 퉁퉁 부은 얼굴에 핏기 없는 손으로 힘없이 라면 국물을 떠 넘기는 아내를 볼 때마다 속으로 피눈물을 쏟았다. 그저 이를 악물고 버티는 것 외에 할 수 있는 일이 없었던 젊은 시절의 내가 이 사람과 겹쳐 보였다.

교촌통닭 2호점이 인생의 마지막 희망이라는 사람을 매몰차게 거절할 수가 없었다. 마지막 희망마저 사라지고 절벽 끝에 내몰린 채 언제 떨어져도 이상하지 않을 듯한 그 절박한 마음이 어떤 것인지 누구보다 내가 잘 알고 있었다. 그분의 간곡한 부탁에 바위처럼 굳세던 내 마음도 흔들리기 시작했다. 고민 끝에 결국 고개를 끄덕였다.

"감사합니다, 감사합니다!"

그분은 나를 껴안고 몇 번이고 감사하다고 말했다. 굳게 악수를 하고 헤어진 후 몇 걸음 가지 않아 멈추고 인사를 하고 가다가 또 돌아서서 인사를 했다. 나도 같이 허리를 숙여 인사를 했다. 그를 배웅하는 내내 가슴 깊은 곳에서부터 뜨거운 것이 치밀어올랐다.

'어떻게 해서든 이 사람을 살리자.'

내 가게, 내 장사를 위해서라는 생각은 아예 들지 않았다. 절박한 한 가족의 목숨을 구하는 일이라고 여기며 마음을 강하게 먹었다. 그가 안심하고 장사를 할 수 있을 때까지 열 일 제쳐두고 두 팔 걷고 돕기로 작정한 것이다.

가맹점이 살아야
본사가 산다

그렇게 교촌통닭을 6호점까지 확장한 후에 본격적으로 프랜차이즈 사업을 시작하기로 마음을 먹게 되었다. 하지만 프랜차이즈 사업을 펼치기에 구미는 좁은 지역이라는 판단이 들었다. 1호점 구미 송정동 본점은 배달하던 직원에게 물려주고, 대구로 이사를 했다. 태전동에 30평 정도 되는 사무실을 열고 직원 네 명과 함께 회사를 시작했다. 회사의 이름은 '교촌유통'이었다. 6호점까지 금세 늘었기에 대구에서도 인기가 많을 줄 알았는데 생각과 달리 가맹점은 빠르게 늘지 않았다.

대구에 어렵게 하나둘 오픈한 가맹점의 매출도 신통치 않았다.

가맹점 매출은 프랜차이즈 사업의 꽃이라고 할 수 있었다. 가맹점 매출이 높을수록 입소문이 나고, 가맹점이 많아져야 원육이나 부자재 등의 구입 단가를 낮출 수 있었다. 지나치게 긍정적으로만 생각했던 건 아닌지 조바심이 났다. 이대로 돌파구를 찾지 못한다면 교촌유통을 세우자마자 망할지도 몰랐다.

'어떻게 하면 가맹점 매출을 높일 수 있을까?'

자나 깨나 오직 이 생각뿐이었다. 게다가 1996년 닭고기 파동까지 겹치면서 회사는 커다란 위기를 맞았다. 그러나 이때의 위기는 기회가 되었다. 닭날개와 닭다리만 모아서 파는 '부분육 전략'이 대성공하면서 사업도 날개를 펴기 시작한 것이다. 대구를 시작으로 울산, 부산, 창원 등 영남권에서 폭풍 같은 인기를 끌었다. 1998년부터는 충청권과 강원권에서도 문의가 많이 들어와 전국으로 가맹점 범위를 넓혀가기 시작했다. 별다른 홍보를 하지도 않았는데도 소문을 듣고 사람들이 몰려왔다. 모든 상담은 내가 직접 다녔다.

"가맹점을 내고 싶습니다."

전화 한 통에 경상도는 물론 강원도, 충청도, 경기도, 서울 어디든 달려갔다. 한 명 한 명 만나볼 때마다 기시감이 들었다. 어디서 많이 본 얼굴이었다. 바로 과거의 나, 절박했던 나 자신의 얼굴이었던 것이다.

나를 믿고 찾아온 사람들이니, 내가 책임지고 먹고살게 해줘야 한다는 책임감이 더 커졌다. 가맹점 후려쳐서 잘되는 본사는 없었다. 이런 일은 있어서도 안 되는 일이다. '가맹점이 잘되어야 본사가 잘된다', '항상 더불어 잘살아야 한다'라는 생각을 한시도 놓지 않았다. 이런 상생의 신념은 아버님의 말씀에 뿌리를 두고 있다. 아버지는 친지들을 먼저 나서서 다 챙기셨다. 형편이 넉넉했던 이유도 있었지만, 돈이 있거나 없거나 주변 사람들 챙기는 일을 당연하게 여겼다. 그리고 틈이 날 때마다 이렇게 말씀하셨다.

"함께 잘살아야 한다."

철없던 시절에는 그러려니 듣고 넘겼던 말이었지만 사업을 하니 그 어느 말보다 묵직하게 다가왔다. 한 명 한 명의 점주가 다 내 식구나 마찬가지였다. 2호점을 열었을 때도 내 가게처럼 도왔지만, 프랜차이즈 사업으로 규모가 커진 후에도 본사는 점주들이 잘되어야 살아남는다는 생각을 한 번도 잊은 적이 없었다. 그것은 내가 스스로에게 한 약속이었다.

교촌의 이름을 쓰는 한
망하는 일은 없어야 한다

프랜차이즈 상담을 할 때는 신중하게 지역을 골랐다. 매장 하나를 성공시키는 게 가장 중요한 목표였다. 현재까지도 교촌치킨이 폐점률 0퍼센트에 가까운 것도, 가맹점당 매출 1위를 지키고 있는 것도 이때의 결심과 노력을 어떻게든 지키려고 애써온 결과일 것이다.

가맹점을 하겠다고 온 사람이 이 지역에 하고 싶다고 말해도 꼼꼼히 살펴보고 가까운 곳에 매장이 있으면 승인을 하지 않았다. 치킨은 매일 먹는 음식이 아니다. 자주 먹어봐야 한 달에 한두 번 정도다. 비슷한 지역에 가맹점이 겹치면 서로에게 손해가 크다. 주택가나 상가 등이 몰려 있는 지역이더라도 이미 오픈한 가맹점이 있는 경우 권리를 지켜주는 것이 우선이었다. 공정거래위원회가 엄격한 기준을 제시하기 전부터 나는 가맹점 상권 보호를 위해 일정 간격을 유지하며 불필요한 리모델링도 일절 하지 않았다. 때로는 장사하기 애매한 곳이나 어려움을 겪을 듯한 장소에 가게를 얻겠다고 하는 사람도 있었다. 그런 경우 직접 펜을 들고 종이에 써가면서 설명을 해주었다. 예를 들면 이런 식이었다.

"잘 보세요. 여기는 도로가 잘려 있지요? 지도로 보면 10분 거리지만 실제로 배달을 하면 30분이 넘을 겁니다. 그리고 너무 안쪽에 가게가 있어서 지나가는 사람들이 간판을 보기도 힘들어요."

돈을 싸 들고 온 사람을 말리다니, 쉬운 길을 두고 왜 굳이 어렵게 돌아가냐고 말하는 사람도 있겠지만, 그 돈을 받는 것은 나를 속이는 일이었다. 누구든 일단 가맹점을 시작하면 '교촌'이라는 이름으로 오랫동안 함께하길 바랐다. 누구의 돈도 가볍게 생각하고 싶지 않았다. 가벼운 돈에는 삶의 무게가 담기지 않기 마련이다. 무게가 느껴지지 않는 돈을 받는 만큼 내가 하는 일도 가벼워질 것 같았다.

　프랜차이즈 사업을 시작하면서 가맹점 계약을 맺으러 온 사람들의 돈이 그들을 살리는 자금이 되게 하겠다고, 절대 쓰디쓴 눈물을 흘리지 않게 하겠다고 스스로에게 약속했다. 그 약속의 무게는 그들이 가게를 열기 위해 가져온 돈의 무게였고 목숨의 무게였다. 집에 남아도는 돈을 갖고 온 사람은 거의 없었다. 대부분 인생의 마지막 출사표를 던지는 절박한 마음으로 어렵게 마련해 온 돈이었다. 사는 집을 담보로 잡히고 은행 대출을 받아서 온 분들도 있었고 퇴직금을 통째로 들고 온 분도 있었다. 입 밖으로 표현은 안 했지만 속으로 수도 없이 다짐했다.

　"반드시 성공시켜드리겠습니다."

　교촌의 이름을 쓰는 한, 이분들이 손해 보는 일만큼은 절대 있어서는 안 되었다. 치킨의 질을 엄격하게 지키고 가맹점 위주의 경영에 돌입했다. 본사와 가맹점은 마치 큰 나무의 뿌리와 잎사귀처럼 연결되어 있었다. 뿌리가 튼튼해야 나무가 자라고, 잎사귀가 무성해야 나무가 건강하듯, 본사와 가맹점은 하나와 같았다. 가맹점주들이 제대로 성장할 수 있도록 돕는 것이 내 역할이라고 믿었다.

세상은 혼자서 살아갈 수 없다. 치킨 한 마리에도 수많은 사람의 손길이 닿아 있다. 닭을 키우는 농부, 재료를 공급하는 유통업자, 그것을 요리하는 점주까지, 우리는 모두 함께 하나의 생태계를 이루며 살아간다. 이 시스템 안에서 누군가가 약해지면 그 파장은 곧바로 나에게도 닿는다. 그렇기에 나는 절대 혼자만의 성공을 꿈꾸지 않는다. 나와 함께하는 사람들 모두가 행복하게 잘사는 것이 진정한 성공이라고 믿었기 때문이다.

손님이 몰린다고 닭을 급하게 튀기면 속까지 골고루 익지 않아서 결과적으로 손님을 잃게 되는 것처럼, 성급하게 확장하기보다 천천히 가더라도 내실을 다지는 게 중요했다. 가맹점 수가 늘면 그 돈으로 대대적인 가맹점 모집 광고를 할 수도 있었다. 가맹점을 늘리는 데는 약이 될지 모르지만, 내실이 없는 상태에서는 독이 될 수 있다. 물량 공세를 퍼붓다가 내실이 받쳐주지 못해 무너지는 프랜차이즈 업체도 많이 봤다.

새로운 가맹점을 내면 그곳에 집중하면서 그들이 성공할 때까지 최선을 다했다. 가맹점주들에게 항상 공정하고 투명한 시스템을 제공하려고 노력했다. 그들에게 더 많은 이익을 가져다줄 방법을 고민하고, 불필요한 비용을 줄여 그들이 안정적으로 성장하는 데 힘을 썼다. 그것이 내가 지키고 싶은 가게의 마음이고, 사업을 키우는 데 있어서 가장 중요한 원칙이었다.

도와주면
그걸로 잊어버린다

어떤 음식은
한 사람의 인생을 지탱한다

2007년 탈레반 인질 사건이 있었다. 납치 41일 만에 석방된 분의 피랍일지가 세간에 알려졌다. 탈레반의 감시를 피해 바짓단을 걷어 바지 안쪽에 몰래 적었던 건데 억류 생활이 얼마나 고단하고 위험했는지 느낄 수 있었다.

그런데 그분이 남긴 '바지 피랍일지'를 사진으로 보고 깜짝 놀랐다. 먹고 싶은 음식 열네 가지를 적어두었는데,

제일 위에 교촌치킨이 있었다. 실제로 그는 국내 언론과의 첫 번째 기자회견에서 이런 말을 했다.

"음식 적응이 힘들었다. 어떤 날은 네 명이 감자 두 개를 반씩 나눠 먹기도 했다."

절체절명의 힘든 상황에서 먹고 싶은 음식을 떠올리며 버텨냈던 것이다. 교촌치킨이 누군가의 인생에 이렇게나 중요한 음식이었다는 걸 생각하면 치킨 하나도 허투루 만들 수 없다는 생각이 들었다.

원가를 절감하기 위해 오늘 여기에서 하나를 빼고, 내일 저기에서 하나를 또 빼면 결국 그 손해는 고스란히 자신에게 돌아온다. 물건이든 사람이든 정성을 다하면 보답받는다고 믿는다.

하지만 더러는 보답을 받지 못할 때도 있다. 가끔은 배신도 당한다. 이상한 사람에게 협박받은 적도 있었다. 하루아침에 교촌을 망하게 할 수 있는 정보를 갖고 있다는 말을 들었다. 그 사람은 "경찰에 신고를 하겠다", "언론에 뿌리겠다"라고 말도 안 되는 이야기를 늘어놓았다. 나는 그를 불러다 가만히 눈을 바라보았다. 큰소리도 내지 않았다. 그냥 이렇게 말했다.

"당신이 할 수 있는 게 뭐든 지금 여기서 당장 해보세요."

예상치 못한 말에 당황했는지 그는 그대로 꽁무니를 뺐다. 정직하게 살아오지 않았다면 이런 말 앞에서 당당하지 못했을 것이다. 스스로 뒤가 구려서 마음이 켕겼을 테니 말이다. 그러나 나는 내가 하는 일에 항상 떳떳했다. 힘든 순간일수록, 위기를 맞을수록 내가 하는 일이 무엇이며 어떤 가치를 품고 있는지 스스로에게 물으면 답이 나왔다. 나의 결론은 언제나 단순하고 소박하다. 진심을 다하는 것이다. 먹는 것은 입으로 바로 들어가는 것이다. 거기에서 이익을 더 보겠다고 나쁜 장난을 치면 천벌 받는다.

"교촌은 잘 먹으면서
왜 그러는데?"

최근에 고마운 일화가 하나 더 있었다. 천만 관객이 들었던 영화 〈파묘〉에서 교촌을 언급하는 대사가 나온 것이다. 병원에서 퇴마 의식을 하던 중 어린 무당이 굿으로 희생될 닭을 불쌍하게 여기자 다른 선

배 무당이 "니는 교촌은 잘 묵으면서 와 그라는데?"라고 말했다. 영화를 보던 관객들 사이에서 일시에 웃음이 터졌다고 한다.

심각한 장면에서 등장한 의외의 대사였기 때문일 것이다. 다만 나는 '미원'이 조미료의 대명사처럼 불리듯, '교촌'이 치킨의 대명사처럼 쓰이는 것 같아서 뿌듯했다. 회사에서 협찬을 한 것도 아니고 영화와 아무 연관이 없었는데도 자연스럽게 대사로 쓰였기 때문에 더욱 그랬다.

영화 대사로 쓰인다는 게 어떤 일인지 곰곰이 생각해 보았다. 지나가는 대사 한마디에 야단 떨 일이 무어냐고 할 수도 있지만 나는 세 가지 관점에서 긍정적인 면을 느꼈다.

첫째로, 교촌치킨이 영화 속에서 언급된 것은 그만큼 많은 사람들에게 친숙하게 자리 잡았다는 의미였다. 둘째로, 교촌치킨이 긍정적인 맥락에서 나왔다는 점도 기쁜 일이었다. 의례를 치르기 위해 생닭을 잡는 것을 불쌍하게 여기는 인물에게 "교촌은 잘 먹으면서"라고 말한다 해도 관객의 웃음을 끌어내는 것은 또 다른 일이다. 이름을 듣자마자 웃음이 터졌다는 것은 교촌은 '맛있다'는 공감

대가 형성되어 있어서가 아니었을까.

마지막으로 영화 속 언급을 통해 더 많은 사람에게 각인될 기회를 얻었다고 생각했다. 천만 영화가 된 덕분에 여러 리뷰에서도 교촌을 언급하는 내용들이 많았다고 했다. 사람들에게 맛과 함께 즐거움과 웃음까지 준 것 같아서 무척 기뻤다. 재치 있는 대사 덕분에 뜻하지 않은 홍보 효과가 된 셈이니 얼마나 고마운 일인가. 진심을 다해 살아온 것이 보답받은 것 같았다.

복은 하늘 위를 떠다니다가
무심코 내려앉는다

언젠가 이런 이야기를 들은 적이 있다. 하늘의 복이 돌아다니다가 착한 사람한테 들어간다는 것이다. 똑똑한 사람이 아니라 착한 사람한테 들어간다는 말이 인상 깊었다. 그런데 하늘이 복을 주는 데서 그치지 않고 복을 뺏기도 한다고 했다. 복을 뺏고 싶은 사람이 있다는 것이다. 무한대로 만들어지는 게 아니라 일정한 양을 유지하려면 주는 사람이 있고 뺏어야 하는 사람이 있다는 얘기였다.

너무도 공감이 가는 내용이었다. 나 또한 심성이 착하고 우직한 사람에게 복이 간다고 믿는다. 이 세상 사람들을 크게 두 종류로 나누면 '복을 짓는 사람'과 '복을 뺏기는 사람'이지 않을까. 복을 짓는 사람들은 정직하고 우직한 사람들이다. 반면 복을 뺏기는 사람들은 불만이 많은 사람들인 것 같다. 불평불만을 달고 사는 사람들에게는 오던 복도 도망가지 않을까. 내가 아무리 베풀고 잘해줘도 욕심에 시달렸던 사람들 또한 복을 뺏기는 사람들이었던 것 같다. 이런저런 모임에서 사람들을 만나면 대부분 '이 사람을 알아서 내가 어떤 덕을 볼까?'라고 생각하는 것 같다. 그런데 누구를 만나든 '내가 이 사람에게 어떤 도움을 줄 수 있을까?'를 생각하는 사람들이 있다. 이런 사람들을 만나면 기분이 아주 상쾌해진다.

도와주면 그걸로 잊어버린다. 저 사람이 나에게 갚았네, 안 갚았네, 이런 것으로 실랑이를 벌이는 일도 없다. 줄 수 있으면 다행이다. 오히려 이것이 내 복을 쌓는 일이라고 생각한다. 내가 먼저 나서서 누군가에게 도움이 되려고 하면 나중에 더 큰 것을 받을 때가 많았다. 남의 덕을 보려고 선행을 베푸는 게 아니라 세상 이치가 그런 것 같다. 가진 게 없어서 줄 것도 없다고 생각하는 사람도 있지만 따뜻한 말 한마디, 친절한 태도, 다정한 눈빛, 그리고 진실한 마음은 아무리 나눠줘도 고갈되지 않는다. 생각만 하면 얼마든지 줄 수 있다. 게다가 언젠가는 나에게로 더 크게 돌아온다.

이런 믿음이 없었다면 숱하게 찾아온 어려운 시간을 견디지 못했을 것이다. 설령 사람들이 알아주지 않더라도 하늘은 알아줄 것이다. 진정성 있는 말과 행동으로 복을 지을 것인지, 남을 험담하고 불평을 늘어놓고 있지도 않은 일을 지어내 모함하면서 오던 복마저 쫓아낼 것인지는 내 선택에 달렸다.

안주하면
망한다

발효 식품의 메카를
만들기로 결심하다

　　　　　　　　창업 초기, 치킨을 하루에 한두 마리 팔 때의 일이다. 장사가 되든 안되든 새벽 한 시까지 가게를 열었다. 그날도 새벽 한 시에 마감을 하고 집으로 돌아갔다. 그날따라 유난히 장사가 안되어 가뜩이나 피곤한 몸이 더욱 피곤했다. 저절로 한숨이 나올 상황이었지만 얼마나 기가 꺾였는지, 한숨 쉴 기력도 없었다. 습관처럼 텔레비전을 틀었는데 삼성 이건희 회장의 인터뷰가 나왔다. 재방송인 듯했다. 50분 정도 이어졌는데 얼마나 집중을 했는지 나에게는 5분처럼 느껴졌다.

이날의 연설은 어떤 사람들에게는 "부인과 자녀 빼고는 다 바꿔라"라는 메시지로 기억될지도 모른다. 그러나 나에겐 오직 한마디 말이 남았다.

"한 발자국만 앞서가라. 승부는 한 발자국 차이다."

기업의 오너는 이런 힘이 있어야 되는구나, 하는 생각이 들 정도로 임팩트가 컸다. 사람의 영향력이라는 게 이렇게까지 대단한 것임을 처음 실감했다. 이때의 충격으로 내 안에는 '한 발자국만 앞서나가자'라는 생각이 단단히 뿌리를 내렸다. 고급화를 추진하게 된 것도 최고의 치킨을 만들겠다고 결심한 것도 이날 이건희 회장의 한마디에 영향을 받은 덕분이다.

한 발자국 앞서 나가자는 마음은 치킨뿐만 아니라 이후 교촌의 모든 사업에 영향을 미쳤다. 예를 들면 은하수 막걸리를 출시하고 난 후 이것을 어떻게 더 발전시킬 수 있을지 고민한 적이 있었다. 막걸리만 만들고 끝내기엔 아까웠다. 누군가는 막걸리를 만들고 사업을 마무리 지을 수도 있었겠지만, 나는 전혀 다른 한 발자국을 생각했다.

막걸리라는 '발효 식품'과 관련해 완전히 다른 그림을 그리고 싶었다. 사실 우리나라는 발효 왕국이다. 김치부터 시작해서 젓갈, 청국장 등 발효 식품이라면 우리나라가 세계 최고 아니던가.

"발효 식품의 메카를 만들자."

하는 김에 제대로 하고 싶다는 욕심이 났다. 장소를 물색하다가 경상북도 영양의 주실마을에 가게 되었다. 주실마을은 분위기가 멋스럽고 풍광도 아주 멋진 곳이다. 조선시대 선비들이 살았던 마을이라 한옥과 고택이 잘 보존되어 있다. 우리나라 문학사의 한 획을 그은 조지훈 시인이 태어난 곳이기도 하다. 그런데 안타깝게도 인구가 점점 줄어들고 있었다. 젊은 사람들이 유입이 안되어서일 것이다. 이렇게 좋은 곳에 단순히 공장이나 연구실만 몇 개 짓고 말기는 무척 아깝다는 생각이 들었다. 지역 자체가 가진 인프라를 폭넓게 품으면서 발효와 관련된 체험도 할 수 있는 플랫폼 역할을 하는 곳으로 만들고 싶었다.

해외에는 유명 포도 산지에 오래된 와이너리들이 있다. 세계 각지에서 관광객들이 다투어 찾아올 만큼 명소인 곳도 많다. 하나같이 다 자기만의 개성을 가지고 품질 좋은 제품을 만든다. 우리도 그런 곳을 만들 수 있지 않을까. 지역을 살리면서 명소가 된 곳들의 모델을 열심히 찾아보았다.

특히 참고를 많이 한 곳은 일본의 나오시마다. 나오시마도 예전엔 인구 소멸 지역으로 불릴 정도였는데 지금은 일본에 가면 한번쯤 가고 싶은 곳으로 완전히 변했다. 그 작은 섬이 놀랄 정도로 크게 변한 이유는 예술의 섬이 되었기 때문이다. 하루에 다 둘러볼 수 없을 만큼 볼거리도 많고 누릴 곳도 많은 곳이다. 세계적인 건축가 안도 다다오가 설계한 공간과 예술가 이우환의 그림이 아름답게 어우러진 이우환 미술관도 이곳에 있다.

주실마을도 이렇게 만들면 좋겠다 싶었다. 현장에 수십 번을 방문하고 전문가들의 조언을 듣고 설계도를 확인하면서 준비했다. 얼마 전에 기공식을 했으니 이제 첫 삽은 뜬 셈이다. 단순히 공장을 몇 개쯤 짓는 정도가 아니라 마을 자체가 하나의 작품이 될 만큼 잘 만들려고 한다.

교촌의 다음 목적지는
친환경 포장재

자꾸 일을 키우는 나를 보고 "한 발자국이 아니라 열 발자국 앞서간다"라고 할지도 모른다. 잘 팔리는 치킨을 두고 왜 이렇게 무리를 하느냐고 핀잔하는 사람도 적지 않았다. 가만히만 있어도 중간은 가는데 왜 자꾸 큰돈을 들여 모험수를 두느냐는 것이었다. 하지만 나는 분명하게 알고 있다. 이 세상에 불변하는 것은 없다는 사실을 말이다. 지금 치킨이 잘 팔리고 꾸준히 매출이 나오더라도 시간이 지나면 새로운 경쟁자가 등장해 업계를 역전시키고 사람들의 입맛도 순식간에 바꿔놓을 것이다. 이러한 장면을 지난 수십 년간 수없이 목격해왔다.

물론 너무 앞서 나가다가 낭패를 보는 일도 있었지만, 크고 멀리 보는 시각도 필요하다고 생각한다. 시선은 저 먼 곳을 보되, 발은 땅에 붙이고 딱 한 걸음만 앞서가는 것이다. 고추장소스 대신 간장소스를 만들고, 부분육으로 신메뉴를 개발하고, 고급스러운 포장으로 바꾼 것도 남들보다 한 걸음 앞서가려는 노력에서 나온 것이다. 그러다 보니 유독 교촌이 하면 치킨 업계가 따라 한다는 말도 많이 들었다.

"어렵게 만든 것을 쉽게 따라 하는 사람들을 보면 화가 나지 않습니까?"

이렇게 묻는 사람도 있었다. 그러나 따라 하는 것도 좋으니까 하는 것일 터다. 좋지 않고 해가 되면 따라 할 리가 없다. 이렇게 우리가 먼저 한 발자국 나가면 뒤에 오는 사람들이 그 걸음을 보고 안전하게 오는 것도 의미 있는 일이라고 생각한다. 그러나 따라오지 못할 정도로 큰 걸음을 내디딜 때도 있다.

충청북도 진천에 소스 공장을 만든 일도 그렇다. 현재 치킨 프랜차이즈 업계에서 자체적으로 소스를 생산하는 공장을 설립한 것도 교촌이 최초이고, 소스 공장을 갖고 있는 업체 또한 교촌이 유일하다. 소스 공장을 운영할 때 가장 신경 쓰는 부분은 위생이다. 아무래도 사람의 손을 덜 탈수록 위생 수준이 높아지기에 세계적인 수준의 제조실을 만들었다.

4층에 가면 자동화 설비를 통해 전처리 공정을 볼 수 있다. 재료의 세척과 살균 과정이 100퍼센트 기계를 통해 이뤄진다. 손질된 재료는 자동으로 배합 탱크로 이동한다. 용량별 형태로 포장되는 것도 전부 자동 시스템이다. 심지어 1층 적재실에는 상시 근무자조차 없다. 이른바 무인 공간이다. 크레인과 무인 운반차(AGV) 등을 통해 적재 및 냉장창고 입고까지 자동으로 진행된다.

진천에 공장을 세우면서 강조했던 것 중의 하나가 물이 없도록 하라는 점이었다. 모든 설비에서 물이 바로 버려질 수 있도록 설계했다. 바닥이나 기기 등에 물이 생기면 미생물 증식과 안전사고 위험이 있어서 꼼꼼하게 살폈다. 소스를 타 업체에서 받아서 쓰면 편할 수도 있고 원가도 절감할 수 있었을 것이다. 그러나 맛을 내는 핵심 요소인 소스를 남이 만든 것에 의존하는 것은 옳지 않다고 생각했다. 남들이 소스를 받아서 쓴다면, 나는 아예 소스를 만드는 공장을 세우자고 생각한 것이다.

친환경 포장재를 만드는 공장을 설립한 것도 같은 맥락에서였다. 우리나라뿐만 아니라 세계적으로 환경에 대한 관심이 점점 커지고 있다. 기업이 환경에 기여하는 면도 더 확실한 책임감을 가져야 한다고 생각한다. 2025년부터 우리 제품이 출시되면 치킨 업계의 판도도 크게 바뀔 것이라 기대하고 있다.

04

회장처럼
굴지 않는다

내가 메뉴를 개발하거나 시연하거나 신사업 계획을 할 때마다 입버릇처럼 하는 이야기가 있다. 메뉴 개발할 때 시연을 내가 하면 안 된다는 것이다. 그래서 회의 때는 첫 번째로 이렇게 묻는다.

"우리 젊은 직원들 생각은 어떤가요?"

젊은 직원들로부터 창의적인 생각이 많이 나와야 하고, 그것이 회사를 움직여야 한다고 믿기 때문이다. 한동안 우리 내부에서 이런 말들이 있었다.

"교촌은 너무 올드하다."

이런 말을 듣는 것도 전부 내 탓 같았다. 그래서 요즘엔 결정을 할 때 젊은 실무자들의 의견을 먼저 물어본다. 디자인을 결정해야 하는 순간에도 "이번 디자인에 대해 팀에서는 어떤 결정을 했습니까?"라고 물어보고 95퍼센트는 팀에서 정한 대로 따라간다. 실무에 내 생각이 많이 들어가는 것은 별로 좋지 않다고 생각한다.

내 역할은 바로잡아야 할 것을 알려주는 정도다. 오랜 경험이 있으니 그 과정에서 깨달은 바를 함께 일하는 사람들과 나누는 것이다. 실제로 제품을 개발하고 만드는 것은 철저하게 직원들 손에서 이뤄져야 한다. 때로는 아래에서 나온 의견이 위로 전달되지 못하는 경우도 있을 것이다. 이런 일을 줄이기 위해 어떤 시스템을 만들면 좋을지 고민 중이다.

나는 회사를 이끌어가는 리더로서 매일 많은 결정을 내린다. 그 결정은 회사의 방향, 전략, 그리고 직원들의 삶에 깊은 영향을 미친다. 항상 신중하게 생각하고, 여러 측면을 고려한 후 결정을 내리려고 노력하지만 내 결정이 언제나 옳다고 생각하진 않는다. '옳은 결정'을 내린다기보다 '옳은 결정'이 되도록 있는 힘껏 노력하고 결과를 만들어낸다는 말이 더 적절할 것이다.

그렇기에 결정의 순간이 다가오면 항상 책임감을 느낀다. 내 선택이 회사와 직원들에게 미칠 결과를 생각하면 불안한 마음이 드는 것도 사실이다. 동시에 이중적인 마음도 든다. 직원들이 내 결정에 따라주기를 바라는 마음과, 진솔하게 반박해 주길 바라는 마음이다. 내 의견대로 끌고 가기는 쉽다. 하지만 더 좋은 의견이 나오기를 기대하는 마음도 크다. 내 생각이 옳은지 검증하기 위해서가 아니라 생각의 충돌을 통해 신선한 창조성이 열리길 바라기 때문이다.

내가 잘하는 일이라고 해도 모든 것을 다 알지는 못한다. 아는 것보다 모르는 게 더 많다. 특히 현장에서 직접 일하며 경험한 사람들의 통찰은 늘 큰 도움이 된다. 아마 그래서일 것이다. 항상 열린 마음으로 그들의 반박을 기다리는 이유가 말이다. 직원들이 선의의 반박을 해주길 바라는 것은 단순히 결정에 대한 피드백을 원해서가 아니다. 그들이 나와 함께 나아가는 동료들이기 때문이다. 그들의 반박은 신뢰의 표현이다. 그렇기에 나의 의사결정이 단순한 명령이 아니라 함께 고민한 결과물이면 좋겠고, 신뢰를 바탕으로 유대감이 더욱 깊어졌으면 좋겠다.

좋은 의견만큼 좋은 자극제는 없다. 좋은 결과를 위한 의견은 서로가 성장할 수 있는 기회다. 시급한 상황에서 서로 다른 피드백이 대립할 경우, 판단을 보류하고 대화를 좀 더 나누려고 한다.

피드백의 차이는 관점의 차이고, 관점의 차이는 생각의 차이다. 나쁘게 보면 통일된 목표를 갖지 못하고 있다는 뜻이지만, 좋게 생각하면 다르게 보는 만큼 더 넓게 보고 있다는 뜻이기도 하다. 이런 점을 수용하면 공동의 목표를 다시 한번 확인하되, 방법은 다양하게 논의할 수 있어서 더 나은 결정을 내리는 데 큰 도움이 된다. 비록 시간은 더 걸리겠지만 옳은 방향으로 나아가기 위해 꼭 필요한 과정이라고 생각한다.

완장질을
하지 않는다

원하는 일을 이루기 위해서는 시간이 걸린다. 급하게 먹는 밥이 체하듯 시간이 필요한 일에는 충분한 시간을 들여야 한다. 직원들이 만족하면서 다닐 수 있는 회사를 만드는 것도 오랜 시간이 걸리는 일이다. 채용이 되었다고 해서 그들이 무조건 이 회사를 좋아하길 바란다면 그것은 욕심일 것이다. 그런 회사로 만들어주는 게 내가 할 일이다. 그래서 생각한 게 절대 '완장질'하지 말자는 것이다. "회장님 말씀이 무조건 옳다"라고 생각하는 회사는 비전이 없다. 높은 자리에 올랐다는 것은 더 넓은 시야와 무거운 책임을 짊어진 것일 뿐, 다른 사람들 위에 군림할 자격을 얻은 것이 아니다. 어려운 결정을 해야 하거나, 힘든 일이 주어질 때마다 나 자신에게 이렇게 묻는다.

"내가 여기에 있는 이유는 무엇인가?"

그 답은 언제나 같다. 직원들과 함께 더 나은 길을 만들기 위해서다. 그들의 힘이 되어주기 위해서다. 높은 자리에 있다고 해서 내가 그들보다 더 나은 사람은 아니다. 그저 더 많은 책임을 지는 위치에 있을 뿐이다. 잘난 척해봐야 크게 잘난 것도 없는데, 꼴만 우스워진다. 내가 주최하는 골프 대회가 있다. 그러나 10년째 가지 않고 있다. 내가 가는 순간 선수들 대신 나한테 초점이 모일까 봐 그렇다. 후원을 잘하는 게 중요하지, 굳이 가서 그럴듯한 폼이나 재고 오는 게 완장질 아니면 무엇이겠는가.

워낙 밑바닥에서부터 조금씩 성장해 와서 그런지 힘과 권력, 돈을 가졌을 때 사람이 어떻게 변하는지 많이 봤다. 보통은 10원 가지고 있을 때와 100원 가지고 있을 때 사람이 달라진다. 내 주변에도 그런 사람들이 있었다. 중소기업을 운영하다가 회사가 조금 성장하면 목소리가 커지고 어깨에 힘도 들어가고 인정받고 싶어 한다. 그런데 이상하게도 그 순간 망하곤 했다. 모임에서 중소기업 사장님들을 많이 만나곤 하는데, 가진 게 없다가 조금 크고 난 뒤에 옛날 생각 안 하고 건방지게 놀거나 교만해진 사람들은 언젠가부터 얼굴 보기 힘들었다. 세월이 지난 뒤에 쭉 돌아보면 하나같이 다 망해 있었다.

어떤 분야, 어떤 개인, 어떤 업종이든 비슷한 것 같다. 그런 일을 볼 때마다 생각한다.

'절대 교만해서는 안 되겠다. 겸손해야겠다.'

세상의 이치를 생각해도 그렇다. 내가 앞을 향해 있으면 뒤가 안 보인다. 눈만 살짝 옆으로 돌려도 못 보는 게 많아진다. 내가 다 알고, 내가 항상 옳다고 생각하는 건 손바닥으로 하늘을 가리는 일과 같다. 작은 손바닥만큼 가릴 뿐 하늘 전체를 가릴 수는 없는 법이다. 이런 사실을 잊어버리는 순간, 내 팔에는 보이지 않는 완장이 채워질 것이다.

완장은 힘을 상징하지만, 동시에 거리감을 만든다. 사람과 사람 사이에 보이지 않는 장벽을 세우고, 그 장벽은 소통을 막고, 진정한 관계를 가로막는다. 또한 완장은 권위를 만들고, 권위는 두려움을 만든다. 두려움 속에서는 진실한 대화가 이루어질 수 없다.

사람들은 권력 앞에서 침묵하거나 진심이 아닌 말을 하게 된다. 하지만 겸손은 신뢰를 만든다. 나는 우리 회사 직원들이 나를 두려워하기보다는 신뢰하고 편안하게 다가오고 스스럼없이 의견을 나누길 바란다. 때로는 나의 결정도 비판해 주면 좋겠다. 그런 환경이야말로 진정한 성장을 가능케 할 테니까 말이다.

내 역할은 명령을 내리는 것이 아니라, 듣는 것이라고 생각한다. 누군가는 리더십을 '지시'라고 생각할지도 모르지만, 나는 '경청'이라고 생각한다. 사람들의 이야기를 듣고, 그들의 어려움을 이해하며, 그들이 더 나은 결과를 낼 수 있도록 환경을 만들어주는 것이 내 역할이다. 완장을 차고 지시를 하면 빠르게 일을 처리할 수 있을지는 몰라도 상대의 목소리를 덮어버릴 위험이 있다. 나는 상대의 목소리를 빼앗는 완장 대신 수평적 높이에서 귀를 기울이는 경청의 자세를 오래 갖고 싶다. 그들이 스스로 빛날 수 있는 공간을 제공하고, 더 나은 길을 걸을 수 있도록 뒷받침하고 싶다.

회사의 대표는
직원을 기다려주는 사람이다

이런 말을 하면 '꼰대'처럼 들릴지도 모르지만, 요즘 주위 젊은 친구들을 보면 한 가지 아쉬운 점이 있었다. 패기가 부족하다는 생각이 드는 것이다. 치고 나가는 힘이 없는 것도 같았다. 그러다 이내 생각을 고쳐먹었다. 패기가 없다고 탓할 게 아니라 내가 좀 더 끌고 가면 된다고 말이다. 착실하게 따라올 수 있도록 길을 내주지도 않으면서 속으로 불만을 늘어놓은 것 같아 무척 부끄러웠다. 나도 사람이니 부족한 점이 있다. 그런 점은 우리 직원들이 메워준다. 그러니 직원들의 부족한 점은 내가 채워주는 게 마땅하다. 무조건 바꿔라, 변해라, 말만할 게 아니라 어떻게 하면 바뀔 수 있을지 고민하는 게 먼저다.

직원이 능력을 발휘할 때까지 기다려주는 시간도 필요하다. 확신이 없으면 밀고 나가기가 어려울 것이다. 시대에 역행하는 생각이라 하더라도 나는 이 방향이 좋다.

올해 봄에는 사내 20~30대 '주니어리더'들과 대화의 시간을 가지게 되었다. 이 자리에서 한 사원이 질문을 던졌다.

"젊은 사원들 중에 미래 신사업이 될 만한 사업 아이디어를 품은 사람들이 있습니다. 이를 회사 차원에서 현실화할 방안을 마련해주실 수는 없을까요?"

그 사원의 의견이 참 반가웠다. 임직원들 사이에 사업 아이디어가 만발하고, 회사는 그 아이디어를 지원해 신사업을 꾸리는 것이 바로 내가 원하는 회사의 모습이었다. 그 사업이 생각만큼 잘되지 않아도 괜찮다는 게 내 생각이다. 거기서 정확한 실패 요인을 분석해 또 다른 성공모델을 만들면 될 일이다.

그날 주고받은 대화를 구체화하기로 마음먹고, 사내 사업 아이디어 공모를 추진했다. 직원이라면 누구나 아이디어를 낼 수 있었다. 참가자들이 각자 프레젠테이션 준비를 해서 발표도 했는데 재미있는 의견이 많았다. 심사에 오른 안건은 임원진이 심사숙고해서 선별하는 과정을 거쳤다. 최종 심사에서는 성향이 다른 두 건의 아이디어가 선정되었다. 하나는 1인 가구를 위해 레시피와 소스 배합법 등을 알려주는 '조리앱'이었고, 다른 하나는 판교 사옥 입주 후 빈 공간으로 남아있는 오산 사옥을 인재연수원으로 만드는 아이디어였다. 현재는 두 아이디어의 추진 가능성을 내부에서 긍정적으로 검토해 보고 있다.

이러한 일이 단발성 이벤트로 끝나지 않고 꾸준히 이어지려면 직원들에게 아이디어를 내라고만 할 게 아니다. 회사 차원에서 시스템을 만들고, 창의적인 분위기를 조성해야 한다. 좋은 아이디어를 내도 시스템으로 받쳐주지 않으면 누가 의욕적으로 해보겠는가?

반드시 현실적인 사업안만 내야 하는가 하면 꼭 그렇지만도 않다. 너무 현실만 생각하면 좋은 아이디어가 나오지 않는다. 중요한 건 창의적인 분위기다. 지금 당장은 현실성이 없는 아이디어라 하더라도 계속해서 지원하고 독려하면 점점 달라지기 마련이다. 그런 과정이 거듭되면 더 좋은 아이디어가 나오고, 그것을 착실하게 쌓아가다 보면 언젠가는 획기적인 변화를 이룰 수 있을 것이다. 앞으로 또 어떤 좋은 생각이 나올지 벌써 기대된다.

느리게 가는 것이
빠른 것이다

슬로푸드의 길

　　　　　　　　더 좋은 경험을 쌓기 위해 종종 해외
에 가곤 한다. 15년 전쯤엔 북유럽에 갈 기회가 있었다.
신기하게도 길가에 그 흔한 패스트푸드점이 거의 없었
다. 피자나 치킨을 거의 먹지 않는다고 했다. 한국에서 피
자와 치킨이 한창 인기가 있을 때라 적잖이 충격을 받았
다. 밀가루나 닭고기를 먹지 않는 게 아니었다. 건강하지
않은 방식으로 만들어진 음식을 일상에서 받아들이지 않
는 듯했다.

재료의 문제가 아니라 조리의 문제였던 것이다. 전통적으로 조리하는 방식은 시간도 오래 걸린다. 그러나 건강에는 확실히 좋다. 패스트푸드가 아니라 슬로푸드가 앞으로 대세가 되겠다는 확신이 들었다. 특히 조리법이 복잡하지 않은 북유럽 전통식에서 나는 슬로푸드와 환경에 대한 새로운 관점을 얻었다. 자연과의 조화 속에서 자란 신선한 재료들, 음식을 대하는 느리고 정성스러운 태도, 그리고 그들이 음식을 통해 환경을 보호하려는 철학은 내게 많은 질문을 던졌다.

'왜 우리는 이렇게 빠르고 효율적인 것만을 추구할까? 왜 자연을 잊고 사는 걸까?'

북유럽에서는 식사를 단순히 배를 채우기 위한 활동으로 보지 않았다. 그들은 음식을 준비하는 과정 자체를 중요한 삶의 일부로 여겼다. 그들은 음식을 만드는 데 있어서 철저히 지역에서 나는 신선한 재료를 사용하며, 자연의 순환을 존중하는 마음을 갖고 있었다. 그 '시간'은 방해물이 아닌 중요한 요소였다. 자연이 적절한 시간 동안 품었다가 세상에 내어주는 것들을 아끼고 감사하는 마음을 강하게 느끼는 듯했다.

이런 경험은 이후 나에게 큰 영향을 미쳤다. 대규모 생산과 빠른 소비만을 강조하는 치킨 프랜차이즈 사업에서 한발 더 나아가 궁극적으로 지향해야 하는 방향에 대해 깊이 생각했다. 우리가 환경에 미치는 영향을 고려하지 않는다면 미래의 자원을 고갈시키는 길을 걷게 되리란 불안이 커졌던 것도 중요한 이유였다. 예전의 나는 빠르게 결과를 내는 것이 성공의 중요한 요건이라고 생각했다. 하지만 북유럽에서의 식사 경험은 생각을 완전히 바꾸어 놓았다.

슬로푸드는 음식이 만들어지는 과정 자체가 삶의 리듬과 맞닿아 있었다. 단순히 느리게 음식을 준비하는 것을 넘어, 자연과의 지속 가능한 관계를 의미한다는 생각이 들었다. 북유럽에서 돌아온 후, 어떻게 하면 이런 철학을 반영할 수 있을지 고심했다. 훗날 발효식품에 관심을 갖고 사업화를 결정한 것도 이때의 영향이 컸다. 소스 제조 공장을 세울 때도 불필요한 낭비를 줄이며 환경을 생각하는 방식으로 지을 수 있도록 최대한 고민했다.

환경을 위해서라면 당장 이익을 조금 포기하더라도, 미래를 위한 투자를 할 가치가 충분하다. 북유럽의 전통식은 내게 그저 음식 문화 이상의 철학을 심어주었다. 우리는 자연에서 모든 것을 얻고 있다는 사실을 잊지 말아야 한다.

신메뉴가

가장 적은 치킨 프랜차이즈

치킨은 대표적인 패스트푸드다. 실제 조리하는 시간이 짧게는 7~8분에서 길게는 15분 정도 걸린다. 고온의 기름에 튀기면 맛은 있지만 천천히 익힌 요리에 비해 건강에 좋지 않은 것도 사실일 것이다. 치킨 회사를 운영하고 있는 나로서는 고민이 될 수밖에 없었다. 그때부터 친환경, 슬로푸드에 관심을 갖고 어떻게 하면 더 맛있는 치킨을 만들까 하는 생각에서 어떻게 하면 더 맛있고 건강한 치킨을 만들까로 생각의 축이 바뀌었다.

이후 '느리게 가는 것이 빠른 것이다'라는 생각을 하게 되었다. 메뉴를 개발할 때도 이 말을 잊지 않았다. 치킨 시장은 빠르게 변하고 경쟁도 치열하다. 새로운 맛과 혁신적인 메뉴가 끊임없이 등장하면서 고객의 관심을 끌고 유지하는 일이 쉽지 않다. 그럴수록 많은 사람들은 더 빠르게, 더 자주 신제품을 내놓는 것이 경쟁에서 이기는 방법이라 생각한다. 하지만 나는 다르게 생각했다. 느리더라도 한 번에 제대로 된 것을 만들어야 한다는 고집이 있었기 때문이다.

예전에 우리 회사에서 새로운 메뉴를 개발할 때였다. 시장에서는 매달 새로운 맛의 치킨이 쏟아지고 있었고, 우리도 그 경쟁에 뒤처지지 않기 위해 빠르게 메뉴를 출시해야 한다는 압박을 받았다. 하지만 나는 서두르지 않았다. 그저 경쟁자를 쫓아가기 위해 무리하게 빠른 속도로 메뉴를 내는 것은 오히려 장기적으로는 실패로 이어질 수 있다고 판단했기 때문이다. 나는 팀에게 "속도보다 중요한 건 제대로 된 맛을 내는 것"이라며 시간을 충분히 들여 연구하고 개발하라고 지시했다.

메뉴 개발 과정은 생각보다 길고 까다로웠다. 몇 달이 넘도록 시제품을 만들고, 다시 수정하고, 소비자 테스트를 거쳤다. 그동안 경쟁사들은 새로운 메뉴를 계속 출시하고 있었지만, 나는 확신이 있었다. 우리가 느리게 가더라도 완벽한 메뉴를 내놓을 때 그 가치는 오래 갈 것이라는 믿음이었다. 결국 우리는 충분한 시간을 들여 완성한 메뉴를 출시했다. 그리고 그 메뉴는 시장에서 큰 반향을 일으켰다. 2년 만에 출시된 메뉴는 옥수수가 포인트인 제품이었다. 일시적인 유행을 넘어서 핵심 메뉴로 자리 잡아 오랫동안 사랑받기를 기대한다.

06

나 혼자 이뤘다고
착각하지 않는다

가맹점당 매출액

10년 연속 업계 1위

업계 1위를 하는 것보다 더 기쁜 것은 가맹점 평균 매출 1위였다. 교촌의 진정한 자랑은 가맹점 수가 많은 게 아니라 하나하나의 가맹점에서 충분히 좋은 매출이 나와서 점주들이 자신의 가게를 운영하는 데 기쁨을 느끼는 것이다. 가게에서 나오는 돈으로 점주들은 아이들 공부도 시키고, 생활도 하고, 직원들 월급도 준다. 손님들에게 밝은 얼굴로 인사하며 건네는 치킨 한 마리에는 그들의 인생이 담겨 있다.

내 사업의 기조나 계획은 거창하지 않다. 가맹점주들을 충분히 먹고살 만하게 만드는 것이다. 유행 따라 반짝하다가 마는 가게가 아니라 장사가 계속 잘되어서 자녀에게 물려줄 수 있기를 바란다. 실제로 2대에 걸쳐서 가게를 운영하는 분도 있다. 그만큼 애정을 가지고 가게를 돌봐왔을 것이다. 가장 보람이 클 때는 오래 일해온 점주들을 보는 일이다. 가끔 그분들에게 편지를 받을 때가 있다. 교촌에서 일하다가 결혼하고 내 가게를 내고 아이들 대학 보내고 유학까지 뒷바라지까지 할 수 있었다는 내용을 보면 마음이 뭉클해진다. 20년 넘게 함께한 식구니 이런 마음이 드는 것도 당연하다. 이럴 때 진짜 큰 보람을 느낀다. 이런 일이 교촌의 역사가 되면 좋겠다고, 대를 물려서 할 수 있는 일이 되면 좋겠다고 생각한다.

교촌이 다른 치킨 업체에 비해 가맹점당 매출액이 높은 것은 10년 이상 계속된 현상이었다. 업계 1위라는 타이틀은 '총매출액'으로 보느냐, '가맹점 숫자'로 보느냐, '본사 매출액'으로 보느냐에 따라 달라진다. 그러나 이런 기준에서 몇 위를 하더라도 크게 신경 쓰지 않는다. 가맹점당 매출액이 가장 높다는 것이 내 안에서는 진정한 1등이기 때문이다.

교촌에는 독특한 게 하나 있다. 백수클럽이다. 아무것도 하지 않는 백수들의 모임이 아니라 하루에 백 마리를 파는 매장이다. 하루 100마리를 판다는 것은 쉬운 일이 아니다. 숨돌릴 틈도 없이 고되게 일해야 한다. 그러나 차라리 몸이 힘든 게 더 낫다. 장사가 안되면 몸보다 마음이 열 배 백 배 더 힘들기 때문이다.

백수클럽을 달성한 가맹점 수는 현재 700여 개가 넘는다. 200마리 이상, 300마리 이상, 심지어 400마리 이상 파는 곳도 있다. 이들이야말로 교촌의 자랑이고 보물이다. 30년 넘게 교촌을 일궈오는 동안 받은 가장 값진 선물이기도 하다.

당연한 소리지만, 이런 성공은 나 혼자 일군 것이 아니다. 내가 아무리 좋은 배를 갖고 있어도 바람과 물결 없이는 배 자체를 띄울 수가 없다. 나는 그저 나침반을 갖고 있었을 뿐 배를 움직이는 바람은 가맹점주들이 만들어준 것이다. 어떤 사람들은 자신이 잘나서 성공했다고, 혼자다 이뤘다고 생각한다. 그러나 세상의 이치가 그렇지 않다. 일터에서 밤을 새우던 직원들, 위기 때마다 합심해서 마음을 모아준 점주들, 우리를 믿고 찾아온 고객들이 없었다면 지금의 모습은 없었을 것이다. 내가 성공한 게 아니라 우리가 성공한 것이다.

100억 원어치의 주식을
가맹점주들에게 나눠 준 이유

코스피에 상장한 것도 좋은 회사를 만들고 싶어서였다. 처음에 교촌통닭은 그저 소박한 바람을 품고 시작했다. 내 가족이 먹고사는 걱정에서 벗어나길 바랐던 것이다. 나는 대학을 나오지도 않았고, 전문 경영 수업을 들어본 적도 없었다. 그저 생계를 위해 뜨거운 기름통 앞에서 닭을 튀기고 소스를 개발하는 데 오랜 시간을 들였을 뿐이다. 닭 하나에 미쳐서 이거 하나로 승부를 보겠다는 생각 외에는 없었다. 그런데 어느 정도 내실을 다지고 나니 교촌만 붙잡고 있기보다 사회에 책무를 다해야 하지 않겠는가 하는 생각이 들었다.

그날로 코스피 상장을 준비했다. 치킨 프랜차이즈 중

에서 코스피에 상장한 업체는 없었다. 상장에 통과하려면 까다로운 여러 심사를 거쳐야 했다. 회사의 재무 관계 지표는 맨눈으로 들여다보듯 투명해야 했다. 그러나 이런 것은 전부 자신 있었다. 이미 재무적인 측면은 누가 와서 까라고 해도 탈탈 털어 보일 수 있을 만큼 투명하게 했고, 전국적인 물류망과 가맹점에 대한 지원 시스템도 확실하게 갖춘 상태였다.

2017년 준비를 마치고 전문 경영인을 영입했다. 코스닥보다 코스피로 바로 가자는 생각을 했기에 증권거래소에 상장 예비 심사를 신청했다. 주변에서도 그랬고 나조차도 낙관적인 마음을 갖고 있었다. 그러나 두세 달이면 통과 결정이 나올 것이라는 예상과 달리 반년이 넘도록 소식이 없었다. 치킨 프랜차이즈 회사에 대한 부정적인 시각 때문이라는 이야기도 들려왔다. 조류독감 등 치명적인 외부 요인으로 인해 급격한 매출 하락이라는 위험 요소가 크다는 시각도 있었다. 실적이 불안정하면 상장에 부정적인 요인이 될 수밖에 없다. 예전에도 다른 치킨 프랜차이즈 업체들이 상장을 시도했으나 모두 실패로 돌아간 것도 이런 이유 때문이었을 것이다.

예상보다 늦어지긴 했지만 그래도 상장을 위한 준비를 놓지 않았다. 전문 경영인 체제를 확고하게 도입했다. 대주주가 함부로 회사 수익을 가져갈 수 없도록 회계를 투명하게 만들었다. 계열사들을 모두 교촌에프앤비의 100퍼센트 자회사로 두었다.

이런 노력이 통했는지 2020년 9월 10일 상장위원회 심의에서 예비 심사를 통과했다. 기관 투자가를 대상으로 한 수요 예측과 일반 투자자 대상 공모 청약을 거쳐 드디어 11월 12일 꿈에 그리던 일이 일어났다. 코스피에 상장이 된 것이다.

나뿐만이 아니라 우리 모두에게 역사적인 날이었다. 11월 12일은 교촌의 제2창업일과도 같은 날이다. 내 생일은 잊어버려도 이날은 절대 잊지 못할 것이다. 언론에서도 앞다투어 상장 소식을 다루었다. 어떤 기사에는 프랜차이즈 증시 잔혹사가 끝날지도 모른다는 내용이 실리기도 했다. 상장이 얼마나 어렵고 힘든 과정인지 단적으로 보여주는 기사였다.

상장 이전이나 이후나 내 경영 방침은 크게 달라지지 않았다. 다만 상장 회사가 되었으니 더욱 철저하고 투명하게 경영하고 더 높은 기준으로 임해야 한다고 생각했다. 고객에 대한 신뢰를 지키고, 가맹점 매출을 지속적으로 높이며, 상장 회사로서의 사회적 의무를 다한다는 각오를 했다.

이 과정에서 내가 가진 주식의 일부를 가맹점 점주들과 나누었다. 가입 연륜에 따라 무상으로 증여를 한 것이다. 당시 주가 기준으로 총 100억 원에 해당했다. 각기 200주에서 600주까지 분배했는데, 당시 현금 가치로 치면 400만~1200만 원 정도 금액에 해당했을 것이다. "교촌의 이름 아래 절대 망하게 하지 않겠다", "교촌 가족이다"라는 신념을 말로 끝내는 것이 아니라 주식을 나누는 행동을 통해 보여주고 싶었다.

실제로 주식을 증여한 후 점주들이 힘을 얻었다고 했다. 돈의 액수가 문제가 아니라 주식을 증여받은 일 자체가 주인의식을 가지게 한다는 뜻이었을 것이다. 이런 환원이야말로 사업을 할 때 느끼는 뿌듯함 중의 하나다.

나는 성공이란 그저 숫자로 표현되는 것이 아니라, 곁에 있는 이들과 나누는 온기 속에서 진정한 의미를 찾는 것이라고 믿는다. 이익을 돌려주는 행위는 그들에 대한 보상이라기보다 그동안 쌓은 신뢰와 인연에 대한 나의 응답이고 감사함의 표현이다. 경영자라는 자리에 서 있을수록 더욱 강하게 느끼는 것은 나를 지탱해 준 사람들에게 감사를 표할 수 있는 시간이야말로 내가 사업을 통해 얻은 진짜 이익이라는 것이다. 함께 이루었기에, 함께 나누어야 할 이유가 분명했다.

사업을 하며 때론 외롭고 혹독한 순간들이 있었다. 그럴 때마다 내 곁에는 고생을 함께하며 묵묵히 자리를 지켜준 사람들이 있었다. 그들의 손길과 땀, 그리고 헌신이 없었다면, 내가 이루어낸 결과물들은 그저 허울뿐인 껍데기에 불과했을 것이다. 그렇기에 내가 얻은 이익을 나만의 것으로 남겨둘 수가 없었다. 우리가 함께해서 가능했던 일들이기 때문이다.

환원이란 나의 몫을 나누는 것이 아니다. 그것은 처음부터 우리의 몫이었음을 인정하고 그 본래의 자리로 돌려놓는 일이다. 그들의 노력과 희생이 만들어낸 결실을 다시 그들에게 되돌려줄 때, 나는 내가 이끄는 조직의 진정한 가치를 느낀다. 내 손에 쥐어진 이익은 나 혼자 살아가기 위해 벌어들인 것이 아니라, 함께해 준 이들의 꿈을 지키고 그들의 삶에 작은 빛을 더해주기 위해 얻어진 것이다. 이익은 물질로만 환산할 수 없는 것이다. 그것은 함께 웃는 순간이고, 우리가 더 나은 미래를 꿈꾸며 걸어갈 수 있는 원동력이다.

이익은 더 넓은 세상으로
흘러가야 한다

주식 100억 원을 환원한 이후에는 사회 공헌 시스템을 체계화했다. '정도 경영', '투명 경영'에 이어 '나눔 경영'을 실천한 것이다. 나눔 경영은 말이 거창해서 그렇지 얼마든지 일상에서도 실천할 수 있는 일이다. 현재 교촌에서는 원자재 1킬로그램당 20원씩 적립해서 사회공헌기금을 조성하고 있다. 소외계층을 찾아가고 지역 사회와 동반 성장하기 위해서 사회 공헌 활동도 활발하게 한다. 그 밖에도 각종 장학 사업을 비롯해 스포츠 및 문화축제 나눔, 학대 피해 아동 심리 치료 및 예방 캠페인, 경북 지방경찰청과 아동안전지킴이집 협약을 맺는 등 아이들이 안전하게 자라는 환경을 만드는 데 관심을 기울였다. 재해 및 구조활동에 구호기금을 기부하거나 가맹점에 장학금을 지원하고 사연을 공모받아 선정자와 함께 치킨 나눔을 하는 프로젝트 '촌스러버' 선발대회도 진행 중이다. 자립 준비 청년 지원사업에도 힘을 싣고 결식 우려 아동 지원사업도 돕고 있다.

나는 사업을 통해 얻은 이익이 단순히 나와 우리 조직을 위한 것에 머물러서는 안 된다고 믿는다. 이익은 더 넓은 세상으로 흘러가야 하며, 그것이 진정한 의미와 가치를 찾을 때 비로소 나와 회사를 넘어선다. 그렇기에 한 기업의 성공은 그저 재무제표의 숫자로만 평가될 수 없다. 기업이란 결국 사람과 사회 속에 존재하는 것이며, 우리 사업이 가져온 이익은 단순히 우리만의 것이 아니다. 사회 공헌은 선택이 아닌 의무이자 기업이 지녀야 할 가장 중요한 가치다. 내가 사회 공헌 사업을 특별히 중요하게 여기는 이유도 바로 그 가치를 실현하기 위해서다.

사업이란 내 안의 작은 세계를 넘어 세상의 일부가 되기 위한 여정이다. '수처작주 입처개진(隨處作主 立處皆眞)', 머무르는 곳마다 주인이 되고, 서 있는 곳에서 진실을 지키라는 뜻처럼 나 또한 내가 있는 자리에서 진정한 사회적 책임을 다하고 싶다. 내가 주인이 되어 사람들에게 필요한 도움을 주고 사회적 약자를 돕는 것이야말로 진정한 사업의 가치라고 생각한다. 내가 사회에 헌신하는 것은 단순한 자선이 아니다. 내가 이 세상을 변화시키기 위해 쓰는 시간과 자원은 결국 다시 나의 일부가 되기 때문이다.

내가 지향하는 경영은 기업의 성장과 더불어 사회의 균형을 유지하는 것이다. 우리 회사가 성공하고, 내가 이 자리에 있는 이유는 단순히 경제적 성과 때문이 아니라 오랫동안 함께해온 사람들, 안전하게 사업을 할 수 있는 사회적 환경 덕분이라는 걸 잘 알고 있다. 그렇기에 이익이 쌓일수록 내 마음속에는 그만큼의 책임감이 무겁게 자리 잡는다.

앞으로도 내가 걸어가는 길이 단순한 기업의 발자취가 아닌, 사람들에게 희망과 사랑을 주는 길이 되길 바란다. 내가 이룬 작은 성공이나마 세상과 나누고, 조금이라도 더 따뜻한 사회를 만드는 데 보탬이 되기를 간절히 바라기 때문이다.

나보다 더 낮은 사람에게서
배운다

사람은 앉은자리에서
빛이 나야 한다

수십 년 동안 수많은 직업을 전전했고, 다양한 변화를 겪었다. 그런데 어떤 일을 하더라도 일관된 깨달음이 있었다. 그것은 바로 '사람에게 배우는 것'이었다. 종종 사람들은 내가 경영서를 탐독하거나, 컨설팅 전문가에게 조언을 받으며 회사를 성장시켰을 거라 생각하지만, 나의 큰 스승은 내 주변의 사람들이었다. 공자님 말씀 중에 '삼인행 필유아사(三人行 必有我師)'라는 말이 있다. "세 사람이 길을 가면 그중에 반드시 나의 스승이 있다"라는 뜻이다. 내가 깨달은 바에 따르면 세 사람이 가면 세 사람이 다 스승이다.

사람한테 배우는 것이야말로 진짜 큰 복이다. 유명하거나 힘이 세거나 돈이 많은 사람한테만 배우는 게 아니다. 누구에게든 정말로 배울 게 있다. 누군가 우연히 지나가면서 던진 말 한마디가 큰 위로가 될 때도 있었고, 아이디어를 얻을 때도 많았다. 그 사람은 그럴 의도가 아니었더라도 배울 자세로 들으면 엄청난 배움이 되었다.

이것도 다 사람한테 배운 것이다. 군대에 있을 때 일이었다. 나는 병기창에서 일했다. 군대에서 쓰는 무기가 녹슬지 않도록 잘 관리하는 일을 맡았다. 그때 상사였던 분이 입버릇처럼 하던 말이 있었다.

"남자가 앉은 자리는 빛이 나야 한다."

아마 무기를 반짝반짝 잘 닦고 관리를 잘하라는 뜻에서 한 말이겠지만, 이 말은 내 인생을 관통하는 명언이 되었다. 당시엔 무슨 말인지 표면만 알았다. 하지만 이후에 사업을 하고, 사람을 만나는 삶의 곳곳에서 그 말이 크게 작용했다. 내가 앉은 자리가 빛이 나지는 못할지라도 정성을 다하자는 생각을 갖게 되었다. 지금도 어떤 자리든, 누구를 만나든, 상대를 진실하게 대하려고 노력한다.

사람을 만나는 자리나 사업을 하는 일이나 내게는 크게 다르지 않다. 정직하게 대하고 진심으로 만난다. 그러면 자연스럽게 겸손해질 수밖에 없다. 겸손하게 상대 이야기를 듣고 있으면 그 사람의 장점을 적어도 한 가지는 알게 된다. 네 명이 있는데 내가 잘났다고 혼자 떠들면, 그날 그 자리에서 배울 수 있는 것을 네 개씩이나 놓치는 안타까운 일이 생길 뿐이다.

간절한 사람은
어디서든 답을 찾는다

중국 시장에 진출했을 때, 상하이에서 '하이디라오'라는 식당에 간 적이 있었다. 그때는 하이디라오가 어떤 곳인지도 잘 몰랐다. 매장에서 직원들이 춤추는 것도 신기했지만, 그보다 더 놀라웠던 것은 그들이 주는 감동이었다. 입구에 들어가면서부터 나올 때까지 대여섯 번은 감동했다. 일행들과 함께 갔는데 차에서 내리니 비가 오고 있었다. 그런데 입구에서부터 우리 차가 있는 곳까지 직원들이 우산을 들고 뛰어오는 것이었다. 예약된 좌석이 2층이었는데, 2층에 있던 직원들이 1층까지 내려와서 우리와 함께 올라갔다. 솔직히 중국에도 이런 곳이 있구나 싶어서 놀랐다. 하나부터 열까지 물 흐르듯 자연스럽고 서비스가 훌륭했다. 주류 리스트를 보니까 우리나라 소주가 없었다. 그래서 통역을 통해서 일부러 물어봤다.

"참이슬 있습니까? 한 병 마시고 싶은데요."

당연히 안 된다고 할 줄 알았다. 그런데 잠깐 기다리라고 했다. 한참 지나도록 안 오길래 '역시 그렇지'라고 생각했다. 애초에 안 되는 것을 무리하게 요구한 일이었으니 미안하기만 했다. 돌아오면 꼭 사과를 해야겠다고 생각했는데 직원이 참이슬 한 병을 들고 왔다. 진짜 깜짝 놀랐다. 근처에 파는 곳도 없었을 텐데 어디에서 구했는지 궁금했다.

"파는 곳을 찾다가 없어서 한국 식당을 찾았어요. 거기서 한 병 빌려 왔습니다."

마음속으로 크게 감탄했다. 정말 간절한 사람은 어디

에서든 자신만의 답을 찾아내는구나 싶었다. 그때 여기는 진짜 놀랄 정도로 발전하겠다, 무한한 가능성을 갖고 성장하겠다는 생각이 들었다. 지금 하이디라오는 중국의 대표적인 훠궈 프랜차이즈 회사로 성장해서 전 세계에 120여 개가 넘는 매장을 운영하고 있다. 몇 년 전부터 우리나라에도 들어온 것으로 알고 있다. 잘되는 곳은 이렇게 분위기부터 다르다.

하이디라오 직원을 통해 어떤 일이든 자신의 행동에서 자부심을 느낀다면 그 일이야말로 가치 있는 일이라는 것을 배웠다. 비록 작은 일처럼 보일지라도, 그 일을 진심으로 대하는 마음이 결국 큰 차이를 만든다는 것을 그날 이후로 마음속 깊이 새기게 되었다. 사람에게 배운다는 건 이렇게 예상치 못한 순간에 찾아온다. 나는 책상에 앉아 있는 것보다, 주변 사람들과 대화를 나누고 그들의 경험을 들으며 더 많은 것을 배워왔다. 이것이 나를 지금까지 이끌어온 큰 힘이다.

행복을 주는 사람으로
남고 싶다

가진 것을 나누는 것은 참 행복한 일이다. 우리 직원들에게도 항상 이런 이야기를 한다. 택시를 타거나 대리기사님을 부를 일이 생기면 꼭 회사 쿠폰을 챙겨서 갖고 있다가 한 장이라도 드리라고. 받으신 분이 열이면 열, 다 행복한 얼굴을 한다. 주는 사람은 줄 수 있어서 행복하고 받는 사람은 뜻밖의 행운에 기뻐한다. 가끔은 이런 생각도 해본다. 우리가 치킨을 만드는 건 행복을 주기 위해서라고. 사람을 행복하게 만드는 것보다 귀한 일이 또 있을까 싶다.

일상에서도 이런 일들을 만들 수 있다. 예전에 내가 택시를 운전할 때를 생각해 보면 사람들이 팁을 잘 안 줬다. 900원 나오면 100원을 꼭 받아 갔다. 그때는 100원이라도 팁으로 주시는 분들이 그렇게 고마웠다. 그런 일을 많이 경험하면 상대의 입장을 생각하게 된다. 나에게 100원은 큰돈이 아니더라도 상대에게는 다를 수 있기 때문이다. 행복을 주는 사람이 어떤 사람인지 사람마다 생각이 다를 것이다. 우리말에서 찾자면 '정'이 아닐까. 세계 어느

나라에도 '정'을 표현하는 말이 없다고 한다. 한국인 특유의 따뜻하고 *끈끈한* 유대감을 알려주는 말인 것 같다.

예전엔 지역마다 유명한 '욕쟁이 할머니'가 있었다. 시장 한구석에서 욕을 바가지로 하는데도 손님이 끊이지 않았다. 왜 그랬을까? 일부러 욕먹으러 가는 사람이 어디 있겠는가. 첫 번째는 맛있으니까 갔을 것이다. 그러나 맛만 있고 서비스가 안 좋은 곳은 잘 가지 않게 된다. 음식 맛도 좋았지만 무엇보다 욕 속에 담긴 정을 느껴서 자꾸 가게 됐을 것이다. 한 지인이 자기가 고등학생 때 욕쟁이 할머니가 하던 유명한 떡볶이집이 있었는데 매일 할머니의 욕을 먹으면서 행복하게 웃고, 욕을 안 먹으면 오히려 심심한 마음마저 들었다고 한다. 사춘기 시절 방황도 많이 했지만 그럴 때마다 할머니가 귀신같이 알고 욕을 한 바가지 퍼부었다고 했다. 욕을 많이 먹은 덕분에 크게 삐뚤어지지 않았다며 크게 웃는 모습이 인상적이었다.

요즘에는 맛없는 것도 용서가 안 되고, 불친절은 더욱 용서가 안 된다고 한다. 점점 각박해지는 것도 같다. 그러나 사람 사는 세상에 온기가 없다면 얼마나 삭막하겠는가. 실적도 좋고 성공도 좋지만 인간다운 마음을 잃어버리면서까지 이룰 것은 없는 듯하다. 아무리 시간이 지나도 가슴에 따뜻한 정을 간직하고 행복을 나눠주는 사람으로 남고 싶다.

다 오르기 전까지는
정상을 올려다보지 않는다

자전거를 타면서
배운 것

나는 본사에서 신규 사업 등 업무에 쏟는 시간을 제외하고, 다른 시간은 무조건 건강을 지키는 일에 투자한다. 건강에 실패하면 미래의 나를 돌보는 일에 실패하는 일이라고 생각하기 때문이다. 덕분에 동년배 사람들이 대부분 갖고 있는 대사증후군이 하나도 없다. 젊을 때는 갑상선 항진증을 앓을 정도로 건강이 안 좋았다. 그런데 산악자전거를 타면서 다 고쳤다. 골프도 치고 다른 것도 해봤지만 나한테는 자전거가 제일 잘 맞는 것 같다. 운동 중에 최고의 운동이다.

처음 몇 년 동안엔 재미를 붙이지 못했다. 건강을 생각해서 타긴 타는데, 힘만 들고 이걸 언제까지 타야 하나 지루한 마음만 들었다. 이렇게 하는 둥 마는 둥 해서는 달라질 게 없을 것 같았다. 계속 탈 것이면 생각을 바꿔서 적극적으로 재미를 느껴보자고 마음먹었다. 예전과 다르게 집중을 하니 의외로 쏠쏠한 재미가 있었다. 이후로 자전거는 내 삶의 동반자가 되었다.

자전거를 타면서 인생이나 사업에 적용할 수 있는 지혜를 많이 배웠다. 한 번에 한 발씩, 왼발 오른발 번갈아 밟아야 자전거는 앞으로 나아간다. 한 발이라도 움직이지 않으면 바로 넘어진다. 두 발을 한꺼번에 쓸 필요도 없다. 남들보다 욕심내서 앞서 나가려고 할 이유도 없다. 쉬지 않고 움직이되 내 속도에 맞게 움직일 때 자연스럽게 자전거가 굴러가는 것처럼, 한 걸음씩 꾸준히 행동하면 안 될 일도 결국에는 되고 만다.

자전거를 탈 때 가장 중요한 것은 '균형'이다. 거친 산길을 내려가거나 오르막길을 올라야 하는 순간, 중심을 잃으면 금방 넘어지기 마련이다. 경영도 마찬가지다. 빠르게 성장하는 것도, 과감한 결정을 내리는 것도 중요하지만, 그 과정에서 중심을 잃으면 모든 것이 무너질 수 있다. 고객, 직원, 주주 등 다양한 이해관계자 사이에서 균형을 맞추는 것이 중요하다.

산을 오를 때 느끼는 '끈기' 또한 내 인생의 중요한 교훈이 되었다. 험난한 산길을 자전거를 타고 달리며 얻은 경험은 내가 회사 경영을 하면서 마주했던 도전과 맞닿아 있었다. 자전거 위에서는 조금만 중심을 잃으면 곧바로 넘어질 수 있다. 그래서 항상 페달을 밟으며 앞으로 나아가야 한다. 내 경영 철학도 그렇다. 상황이 어렵고, 변수가 많을 때일수록 멈추기보다는 꾸준히 앞으로 나아가는 것이 중요하다. 산은 평지가 아니다. 때로는 가파르고, 때로는 돌과 나무뿌리로 가득한 길을 만나게 된다. 포기하고 싶을 때도 있지만, 끈질기게 페달을 밟아 한 발 한 발 나아가다 보면 결국 정상에 도달할 수 있다. 사업도 마찬가지다. 어려운 상황이 닥치더라도 포기하지 않고 꾸준히 나아가다 보면, 결국 원하는 목표에 도달할 수 있다는 것을 자전거가 내게 가르쳐 주었다. 누구나 정상을 꿈꾸지만 처음부터 정상을 올려다보고 시작하면 한 걸음 내딛는 것도 쉽지 않다. 눈앞의 상황에 몰입하면 오히려 지치지 않고 목표를 향해 차근히 나아갈 수 있다.

산에서 자전거를 타다 보면 길이 예측 불가능할 때도 있다. 돌부리, 바위, 가파른 언덕, 미끄러운 낙엽 등 다양한 장애물이 곳곳에 있다. 하지만 그 장애물을 피하기보다 정면으로 맞서면서 어떻게 대처할지를 빠르게 판단할 때 실력이 늘곤 했다. 사업에서도 그렇다. 예기치 못한 문제와 장애물들은 언제나 나타난다. 그럴 때마다 나의 대처 방식은 바로 '장애물과 정면으로 마주하기'였다. 상황을 회피하거나 두려워하기보다는, 맞서면서 어떻게 해결할지를 생각하는 것이 내가 자전거를 타면서 배운 중요한 교훈 중 하나다.

자전거를 탈 때면 경로를 신중하게 선택하면서도 그 길이 완벽하지 않다는 것을 인정한다. 내가 가는 길이 모두 다 평탄할 수는 없다. 때로는 포기하고 돌아가야 할 때도 있다. 그러나 그런 후퇴는 실패가 아니라 더 나은 길을 찾기 위한 과정일 뿐이다. 이럴 땐 내가 그동안 내렸던 결정을 되돌아본다. 그 과정에서 막혀 있던 생각이 풀리거나 다른 길을 찾을 때가 많았고, 그것이 회사를 더 강하게 만들었다. 인생과 경영도 끝없이 변화하는 경로를 따라가는 여정이다. 그 여정에서 중요한 것은 속도나 완벽함이 아니라 균형과 대처 능력, 그리고 끊임없이 나아가고자 하는 강한 의지다.

자전거를 타면서 배운 점이 이렇게나 많지만 가장 큰 깨달음은 나의 정직한 노력이 있어야만 앞으로 나아간다는 사실이다. 누가 대신 페달을 밟아줄 수도 없고, 길을 다듬어주지도 않는다. 내가 먼저 페달을 밟아야 길이 열리는 것이다.

지금 이 결정은 5년 후, 10년 후
어떤 영향을 미치는가?

기업의 경영자로서 현재에 집중하는 것과 더불어 미래를 내다보고 준비하는 것도 중요한 일이라고 생각한다. 개인적으로 은퇴 후를 준비하는 차원이 아니라 기업의 가치를 고민하는 일 말이다. 오늘의 작은 습관, 행동, 선택들이 쌓여서 미래를 결정한다는 것을 오랜 시간 경험을 통해 깨달았기에, 지금 이 순간, 내가 내리는 모든 결정이 결국 미래의 교촌을 만들어간다는 생각을 하면 신중을 기할 수밖에 없다.

미래의 기업 가치를 높이기 위해서는 세 가지가 필요하다. 우선, '장기적인 관점'을 유지해야 한다. 기업을 경영하면서 유혹에 빠지기 쉬운 부분이 있다. 바로 단기적인 성과나 이익에 집중하는 것이다. 그러나 나는 항상 물어본다.

"이 결정이 5년, 10년 후에 어떤 영향을 미칠까?"

단기적인 성공이 눈앞에 있을지라도, 그 성공이 미래의 기업을 위협할 수 있다면 결코 쉽게 선택하지 않는다. 마치 지금의 나를 돌보는 것이 건강한 식습관과 꾸준한 운동을 통해 이루어지듯 회사 경영도 마찬가지다. 당장의 성과에 급급하지 않고, 장기적인 안목을 통해 더 큰 그림을 그리며 미래를 준비해야 한다.

둘째, '지속 가능한 시스템'을 만드는 것이다. 회사도, 개인도 결국 하나의 시스템으로 운영된다. 나는 시스템을 설계할 때 항상 자문한다.

"이 시스템이 나와 회사를 앞으로도 안정적으로 지탱

할 수 있는가?"

아무리 지금 좋은 성과를 내고 있더라도, 시스템에 내구성이 없다면 오래 갈 수 없다. 건강한 기업 문화를 만들고, 사람들을 육성하며, 자원을 적절히 배분하는 노력이 필요하다. 좋은 결과는 결코 우연히 오지 않는다. 시간과 노력이 필요한 것이다.

셋째, 새로운 '배움'을 멈추지 않는다. 우리는 매일 변화하는 세상 속에 살고 있고, 내가 멈추는 순간 세상은 나를 앞질러 간다. 끊임없이 배우고, 새로운 기술과 아이디어를 받아들이는 것은 기업의 미래를 위해 반드시 해야할 일이다. 배움은 현재의 한계를 넘어서게 해주고, 앞으로 마주하게 될 도전에 대비할 수 있는 무기가 된다.

미래를 준비한다는 것은 지속 가능성을 고민하는 일이다. 현재 잘나간다고 해서 미래에도 그러리라는 보장은 없다. 앞으로도 건강한 나로 살아가기 위해 지금 내가 자전거를 타면서 건강을 돌보는 것처럼, 오래 살아남는 기업을 만들기 위해서는 조직에 있는 한 사람 한 사람이 강한 책임감을 지녀야 한다.

오늘 내가 하는 모든 결정과 행동이 내일의 나와 기업의 미래에 영향을 미친다. 그래서 오늘도 자신에게 묻는다.

"미래의 나를 위해, 그리고 나와 함께할 사람들을 위해 지금 나는 무엇을 해야 할까?"

진심이 세상을 움직인다

2024년 판교로 사옥을 이전한 후 앞으로 100년 기업으로 성장하기 위한 비전 선포식을 열었습니다. 완전히 새로 시작하는 마음으로, 제2의 창업을 한다고 생각했습니다. 어떤 기업이 30년 이상 존속해 왔다고 무조건 잘한다고 할 수는 없는 법입니다. 거저 주어지는 게 어디 있겠습니까. 부단히 고민하고, 쉼 없이 모색하고, 꾸준히 도전하면서, 그 안에서 실패와 성공을 맛보면서 보이지 않는 길을 찾아나가는 것뿐입니다.

나이 마흔이 넘어서 통닭집을 시작했습니다. 그때만 해

도 이렇게 프랜차이즈 사업을 하게 될 거라고는 상상도 못 했습니다. 그저 '오늘 한 마리만 더 튀길 수 있으면 좋겠다', '내가 튀긴 통닭을 맛있게 먹어주는 분이 한 명만 더 생기면 좋겠다' 이런 마음뿐이었습니다. 이제 막 사회에 나온 스무 살 청년이 자신이 무엇을 잘할 수 있을지 좌충우돌 찾아가는 모습과 비슷했는지도 모릅니다. 그러고 보면 마흔은 두 번째 스무 살, 육십은 세 번째 스무 살 같습니다. 지금 나이가 70대 중반이니 인생의 네 번째 스무 살을 준비합니다. 아직도 할 일이 많고 배울 게 많다고 생각합니다.

처음 창업했을 땐 하루에 열 마리만 팔아도 좋겠다고 생각했습니다. 그런데 하루 열 마리는 꿈같은 목표였습니다. 하루에 한 마리도 못 파는 날이 많았습니다. 그래도 기죽지 않고 해내겠다고 다짐했습니다. '어떻게 하면 맛있게 치킨을 튀길 수 있을까?', '어떻게 하면 식기 전에 배달할 수 있을까?', '어떻게 하면 우리 치킨을 소문낼 수 있을까?' 매일 궁리했습니다. 그러다 보니, 하루에 열 마리를 파는 날이 왔습니다. 심지어 백 마리씩 파는 날도 왔습니다. 돈 걱정 안 하고 우리 가족 먹고살기만 하면 좋겠다고 시작한 일이었는데, 2호점이 생기고 3호점, 4호점이 생기더니 100호점까지 늘었습니다. 지금은 가맹점이 1300개가 넘었습니다.

한때, 가맹점 100호가 되면 프랜차이즈 기업으로서 밥은 먹고 살겠다고 생각했습니다. 그렇게 되기까지 10년이 걸렸습니다. 그런데 막상 원하던 것을 이루고 나니 이상하게도 어찌할 줄 모르는 마음이 들었습니다. 그때 깨달았습니다.

'내가 요거 갖고 아등바등하면 지금은 좋지만, 유지는 안되겠구나. 붙잡고만 있으면 영락없이 추락하는 일만 생기겠구나.'

정신이 번쩍 들었습니다. 바로 마음을 고쳐먹고 다시 결심했습니다. 먹고사는 문제는 해결되었으니 제대로 일을 해야겠다고 말입니다. 제대로 일하는 것이란 무엇일까요? 첫 번째는 천천히 가더라도 내실을 다지는 것입니다. 나 혼자 다 떠맡아서는 절대 제대로 일을 할 수 없습니다. 나 없이도 회사가 잘되게 해야 합니다.

두 번째는 함께 잘되는 것입니다. 혼자만 잘하려고 해서도 안 되고, 혼자만 잘되려고 해서도 안 됩니다. 교촌치킨 가맹점 가게 하나에 적게는 서너 명, 많게는 열 명 스무 명까지 식구가 딸려 있습니다. 다 함께 먹고살게 해야 합니다. 교촌의 목표는 가맹점과 '더불어 사는 것'입니다. 이런 생각은 아버님께 배운 것인데, 평소 입버릇처럼 늘 이런 말씀을 하셨습니다.

"혼자 살려고 하면 안 된다. 더불어 살아야 한다."

어려운 위기도 여러 번 있었습니다. 사업은 잘될 때보다 안될 때가 더 많습니다. 그런데 신기하게도 위기 속에 기회가 오곤 합니다. 그렇게 한 고비, 한 고비 넘어가다 보면, 새로운 생각도 하게 되고, 맷집도 생깁니다. 그리고 더러 더 잘하고 싶다는 욕심도 생깁니다. 그러나 욕심보다 중요한 것은 진심입니다. 사람이 아무리 욕심을 낸다고 한들 자기 욕심만큼도 갖질 못합니다. 주먹을 움켜쥐면 내 손에 쥐는 건 적습니다. 손을 펴면 손바닥 위에 더 많이 얹을 수 있고, 더 많이 나눌 수 있습니다. 사업은 손에 쥐는 게 아니라 손을 펴는 것입니다.

처음 교촌통닭을 시작했을 때부터 지금까지 내가 지키고 있는 것, 지키고 싶은 것은 한결같습니다. 그것은 진심으로 일하고 진심으로 사람들을 만나는 것입니다. 내가 생각하는 진심은 정성을 다하는 것이고, 정직한 것이며, 행복을 함께 나누는 것입니다. 이 마음은 앞으로도 변하지 않을 것입니다.

최고의 상술

초판 1쇄 인쇄 2025년 2월 24일
초판 1쇄 발행 2025년 3월 3일

지은이 권원강
펴낸이 김선식

부사장 김은영
콘텐츠사업본부장 임보윤
책임편집 조은서 **디자인** 윤유정 **책임마케터** 배한진
콘텐츠사업1팀장 성기병 **콘텐츠사업1팀** 윤유정, 문주연, 조은서
마케팅본부장 권장규 **마케팅2팀** 이고은, 배한진, 지석배, 양지환
미디어홍보본부장 정명찬 **브랜드관리팀** 오수미, 김은지, 이소영, 박장미, 박주현, 서가을
뉴미디어팀 김민정, 고나연, 홍수경, 변승주
지식교양팀 이수인, 염아라, 석찬미, 김혜원, 이지연
편집관리팀 조세현, 김호주, 백설희 **저작권팀** 성민경, 이슬, 윤제희
재무관리팀 하미선, 임혜정, 이슬기, 김주영, 오지수
인사총무팀 강미숙, 이정환, 김혜진, 황종원
제작관리팀 이소현, 김소영, 김진경, 최완규, 이지우, 박예찬
물류관리팀 김형기, 주정훈, 김선진, 채원석, 한유현, 전태연, 양문현, 이민운
외부스태프 구성 및 스토리텔링 스토리베리

펴낸곳 다산북스 **출판등록** 2005년 12월 23일 제313-2005-00277호
주소 경기도 파주시 회동길 490
전화 02-702-1724 **팩스** 02-703-2219 **이메일** dasanbooks@dasanbooks.com
홈페이지 www.dasan.group **블로그** blog.naver.com/dasan.books
종이 신승아이엔씨 **인쇄** 상지사피앤비 **코팅 및 후가공** 제이오엘앤피 **제본** 상지사피앤비

ISBN 979-11-306-6176-6 (03320)